O coordenador
pedagógico
e o espaço
da mudança

Leitura indicada

1. O coordenador pedagógico e a educação continuada
2. O coordenador pedagógico e a formação docente
3. O coordenador pedagógico e o espaço da mudança
4. O coordenador pedagógico e o cotidiano da escola
5. O coordenador pedagógico e questões da contemporaneidade
6. O coordenador pedagógico e os desafios da educação
7. O coordenador pedagógico e o atendimento à diversidade
8. O coordenador pedagógico: provocações e possibilidades de atuação
9. O coordenador pedagógico e a formação centrada na escola
10. O coordenador pedagógico no espaço escolar: articulador, formador e transformador
11. O coordenador pedagógico e o trabalho colaborativo na escola
12. O coordenador pedagógico e a legitimidade de sua atuação
13. O coordenador pedagógico e seus percursos formativos
14. O coordenador pedagógico e questões emergentes na escola
15. O coordenador pedagógico e as relações solidárias na escola
16. O coordenador pedagógico e os desafios pós-pandemia
17. O coordenador pedagógico e seu desenvolvimento profissional na educação básica

O coordenador pedagógico e o espaço da mudança

Laurinda Ramalho de Almeida
Vera Maria Nigro de Souza Placco
ORGANIZADORAS

Cecilia Hanna Mate
Cecilia Iacoponi Hashimoto
Eliane Bambini Gorgueira Bruno
Francisco Carlos Franco
Luiza Helena da Silva Christov
Luzia Angelina Marino Orsolon
Nilba Clementi
Suzana Rodrigues Torres
Sylvia Helena Souza da Silva Batista
Vera Lucia Trevisan de Souza

Edições Loyola

Almeida, Laurinda Ramalho de; Placco, Vera Maria Nigro de Souza (org.)
O coordenador pedagógico e o espaço da mudança.
São Paulo: Edições Loyola, 2001

ISBN 978-85-15-02365-3

1. Educação – Brasil. 2. Coordenação Pedagógica – Brasil. 3. Formação de professores – Brasil.

1ª edição: 2001
10ª edição: 2012

Conselho editorial:
Abigail Alvarenga Mahoney
Emilia Freitas de Lima
Idméa Semeghini Próspero Machado de Siqueira
Laurinda Ramalho de Almeida
Melania Moroz
Vera Maria Nigro de Souza Placco

Capa: Amanda Ap. Cabrera
Ronaldo Hideo Inoue

Edições Loyola Jesuítas
Rua 1822 nº 341 – Ipiranga
04216-000 São Paulo, SP
T 55 11 3385 8500/8501, 2063 4275
editorial@loyola.com.br
vendas@loyola.com.br
www.loyola.com.br

Todos os direitos reservados. Nenhuma parte desta obra pode ser reproduzida ou transmitida por qualquer forma e/ou quaisquer meios (eletrônico ou mecânico, incluindo fotocópia e gravação) ou arquivada em qualquer sistema ou banco de dados sem permissão escrita da Editora.

ISBN 978-85-15-02365-3

10ª edição: 2012

© EDIÇÕES LOYOLA, São Paulo, Brasil, 2001

Sumário

Apresentação 6

O sucesso da coordenação pedagógica no
Projeto Classes de Aceleração 7
Vera Maria Nigro de Souza Placco e Laurinda Ramalho de Almeida

O coordenador/formador como um dos agentes de
transformação da/na escola 17
Luzia Angelina Marino Orsolon

O coordenador pedagógico e a constituição do grupo de professores 27
Vera Lucia Trevisan de Souza

Intenções e problemas em práticas de coordenação pedagógica 35
Luiza Helena da Silva Christov

Reuniões pedagógicas: espaço de encontro entre coordenadores e
professores ou exigência burocrática? 45
Suzana Rodrigues Torres

A voz dos outros e a nossa voz 53
Nilba Clementi

O relacionamento interpessoal na coordenação pedagógica 67
Laurinda Ramalho de Almeida

Tornar-se professora coordenadora pedagógica na escola pública 81
Eliane Bambini Gorgueira Bruno

Professor coordenador de turma – Perspectivas de atuação 87
Francisco Carlos Franco

Dificuldades de aprendizagem: concepções que permeiam a
prática de professores e orientadores 101
Cecilia Iacoponi Hashimoto

Coordenar, avaliar, formar: discutindo conjugações possíveis 109
Sylvia Helena Souza da Silva Batista

As reformas curriculares na escola 119
Cecilia Hanna Mate

Apresentação

Esta coletânea vem dar continuidade a *O coordenador pedagógico e a educação continuada*, de 1998, e a *O coordenador pedagógico e a formação docente*, de 2000, textos carinhosamente batizados entre os coordenadores de, respectivamente, *O coordenador 1* e *O coordenador 2*; daí ser ela *O coordenador 3*. O que nos motivou a organizar esta nova coletânea foi o retorno recebido tanto de coordenadores pedagógicos como de professores de cursos de licenciatura sobre a utilidade dos textos em oferecer pistas para rotinas de trabalho e desencadear reflexões sobre o processo da coordenação pedagógica e da formação continuada.

Alguns dos textos aqui apresentados resultam de pesquisas realizadas para elaboração de dissertações e teses; outros, de pesquisas para avaliar projetos implementados na rede pública de ensino; outros, ainda, resultam da reflexão sobre anos de trabalho de prática pedagógica. Todos têm, no entanto, dois pontos em comum: a crença no trabalho da coordenação pedagógica e na necessidade da formação continuada e o interesse em partilhar com os colegas seus achados e expectativas.

São Paulo, abril de 2001

LAURINDA RAMALHO DE ALMEIDA
VERA MARIA NIGRO DE SOUZA PLACCO

O sucesso da coordenação pedagógica no Projeto Classes de Aceleração

Vera Maria Nigro de Souza Placco
PEPG Educação: Psicologia da Educação e Educação:
Formação de Formadores - PUC-SP.
e-mail: veraplacco7@gmail.com - veraplacco@pucsp.br

Laurinda Ramalho de Almeida
PEPG Educação: Psicologia da Educação e Educação:
Formação de Formadores - PUC-SP. e-mail: laurinda@pucsp.br

A implantação das Classes de Aceleração – CA – nas escolas da rede estadual do Estado de São Paulo, em 1996, visou eliminar a defasagem entre série e idade regular de matrícula de alunos que frequentavam da 1ª à 4ª série do ensino fundamental, criando condições para que pudessem avançar no percurso escolar e frequentar uma série mais compatível com sua idade. A marca fundamental das CA foi oferecer um ensino adequado, que não significasse educação compensatória nem implicasse exigências mais baixas[1].

No segundo semestre de 1998, para se obter uma visão mais abrangente dos resultados do Projeto, foi empreendida uma pesquisa avaliativa pelo Programa de Estudos Pós-Graduados em Educação: Psicologia da Educação da Pontifícia Universidade Católica de

---

1. O Projeto Classes de Aceleração foi implantado em 1996, em 160 escolas; em 1997 a proposta foi ampliada para 801 escolas. Em 1998, 1.716 escolas e 73.850 alunos foram atendidos pelo Projeto. A partir de 2000, o Projeto foi encerrado da 1ª à 4ª séries e está em execução na faixa da 5ª à 8ª séries.

São Paulo, em convênio com a Fundação para o Desenvolvimento da Educação, da Secretaria de Estado da Educação de São Paulo, coordenada pelas autoras deste artigo e pela professora Marli André. A investigação abrangeu duas vertentes: uma explorou os fatores de sucesso do Projeto; outra avaliou o desempenho escolar e o nível de autoestima dos egressos das CA. Neste artigo, vamos nos deter apenas na primeira vertente, pesquisada por meio de estudos de caso realizados em seis escolas, duas da capital, uma na Grande São Paulo e três no interior do Estado.

A síntese dos resultados dos estudos de caso evidenciou que

"Na caracterização de cada escola focalizada ficou evidente que nenhuma delas possui traços ou condições excepcionais, seja quanto ao aspecto físico, seja quanto aos recursos materiais, que por si possam responder pelo trabalho diferenciado que vêm desenvolvendo com o Projeto de Classes de Aceleração.

Do ponto de vista da organização do trabalho pedagógico, pode-se perceber nessas escolas uma presença atuante da direção e da coordenação pedagógica, e um claro comprometimento delas com o Projeto. Isso ficou muito evidente nas nossas observações, nas entrevistas feitas e principalmente nos depoimentos colhidos junto aos pais e professores das Classes de Aceleração. Tanto a direção quanto a coordenação pedagógica parecem ter um papel fundamental no sucesso do Projeto" (PUC-SP, 1998).

Neste artigo, propomo-nos identificar, nos seis estudos de caso realizados, algumas das ações da coordenação pedagógica, não apenas na escola, mas também na Diretoria de Ensino, para evidenciar seu significado e suas características.

1. Diretorias Regionais de Ensino[2]

Em cada Diretoria de Ensino, um ou dois supervisores ficaram incumbidos da supervisão às Classes de Aceleração, com o apoio da

---

2. Em 1998, as escolas da rede estadual estavam subordinadas às Delegacias de Ensino e estas, às Divisões Regionais de Ensino. Hoje, as Delegacias foram substituídas por Diretorias Regionais de Ensino.

Oficina Pedagógica, por meio dos assistentes técnicos. É interessante lembrar que estes profissionais (como outros que integraram o Projeto) foram inicialmente envolvidos em ações de capacitação, organizados pelo Centro de Pesquisa em Educação e Cultura – Cenpec.

A ação coordenadora nas Diretorias de Ensino foi identificada pelos envolvidos no Projeto como coesa e integrada.

A fala das dirigentes retrata esse clima:

> "A coesão e a integração da equipe responsável pelo Projeto pareceu-nos um fator preponderante para sua implantação. Essa equipe revelou sempre envolvimento, participação, crença e entusiasmo".

> "Sabe, essa ação supervisora à frente, a Oficina Pedagógica acompanhando, o acompanhamento do Projeto no interior das escolas, isto foi a razão do sucesso."

Na Diretoria de Ensino, os supervisores e assistentes técnicos se completavam, em ações de capacitação. Numa das Diretorias de Ensino a supervisora relata que, além das capacitações previstas pelo órgão, ocorreram as "visitas de socorro", em que o assistente técnico vai à escola e à aula quando o professor o solicita:

> "Além das capacitações como multiplicadora da Delegacia de Ensino, nós visitamos as escolas, nós vamos às classes, levantamos os entraves, orientamos as mudanças, ajudamos a superar as dificuldades, a dar aulas".

Essa ação integrada e coesa é percebida com entusiasmo pelas professoras:

> "Na própria Delegacia de Ensino, a capacitadora está lá, ela procura ajudar; a gente troca muito, eu e a outra professora, mas também tem muita bibliografia para ler. No próprio módulo vêm os livros e recebemos livros como disciplina, reunião de pais".

> "Precisa ver a capacitação que a N faz com a gente sobre alfabetização. Não tem como errar... Se tivesse aprendido isso antes, poderia ter ajudado mais gente."

Como as Diretorias de Ensino organizaram as capacitações

Cada Diretoria partiu de um pressuposto e se organizou de forma diferente. Por isso, vale identificar cada uma com sua sistemática.

- DE1: a capacitação começa sempre com uma dinâmica de fortalecimento do grupo, e os professores sentem que é a união que faz a força. A capacitação é feita com base nas necessidades, e não nos módulos.
- DE2: a principal preocupação é socializar o Projeto por meio da coordenação na escola. Suas ações são nesse sentido. O supervisor afirma que há coordenadores pedagógicos usando as orientações do Projeto em seus horários de trabalho pedagógico coletivo – HTPCs –, o que leva à utilização do material, dos recursos e da metodologia para outras classes.
- DE3: todos os professores de Língua Portuguesa são convidados a participar da capacitação, junto com os professores das Classes de Aceleração. Todos comentam que nunca aprenderam tanto durante a Faculdade. Uma supervisora afirma: "Toda capacitação tem uma homenagem para nós, da Delegacia de Ensino, feita pelas professoras. Fizeram um rap, oferecem flores...".
- DE4: a dirigente afirma: "Consideramos na capacitação a formação da dimensão pessoal e profissional".
- DE5: a responsável pela capacitação afirma: "O material do Projeto é um suporte. Independente do material, o importante é a nova filosofia que está sendo implantada".
- DE6: a dirigente afirma: "O material didático e o acompanhamento direto do trabalho através das capacitações foram os fatores que possibilitaram aos professores alterar seu trabalho em sala de aula... Esse acompanhamento da Delegacia de Ensino se faz de forma coesa, comprometida e integrada".

Em síntese, pode-se observar que a coordenação pedagógica propiciada pelas Diretorias de Ensino teve como características:
- realização de uma ação coesa, integrada, comprometida da equipe supervisora com o Projeto, com as escolas e os professores envolvidos;
- capacitação – ou, melhor dizendo, formação que levasse em consideração:

- as necessidades de cada escola, cada professor e cada classe;
- a utilização de bibliografia atual e acessível;
- o potencial de "utilização" e "respeito às necessidades" do professor dos estudos e discussões propostas;
• acompanhamento da prática, com vistas à continuidade da formação, no interior da escola:
- atendendo às urgências/solicitações do professor;
- observando os entraves e dificuldades e propondo intervenções encaminhadoras de superação, orientando mudanças;
- criando situações de troca entre os professores e entre estes e a coordenação pedagógica (local ou da Diretoria).

Cada ação parece ter sido movida por princípios e ações muito concretos no sentido de:
• fortalecimento das relações do grupo de profissionais (não só das Classes de Aceleração entre si, mas destas com o grupo – escola como um todo –, socializando o Projeto, suas orientações metodológicas e seu material didático e mobilizando as relações interpessoais);
• envolvimento de outros profissionais da escola – especialistas nas áreas integradas no Projeto Classes de Aceleração – para que subsidiassem os colegas e sua prática.

2. Escolas

As entrevistas com os coordenadores pedagógicos revelam seu envolvimento com o Projeto. Informam que estão envolvidos no processo de capacitação, acompanhando, junto com as professoras, o trabalho das Delegacias de Ensino.

As entrevistas deixam claro que os coordenadores reconhecem que os professores precisam de orientação e ajuda para enfrentar uma realidade nova e que eles estão lá, à disposição dos professores. Diz uma coordenadora pedagógica: "Quando os professores têm dificuldades, vêm me procurar e a gente resolve junto com a direção, e alguma coisa em que a gente tem dificuldade, a gente tira nas capacitações".

As entrevistas revelam que há uma integração entre coordenação pedagógica e direção, e que a direção valoriza o trabalho da coordenação pedagógica. Revelam ainda que, sob sua coordenação, os professores sentem-se avaliados e ajudados e não controlados em seu trabalho.

A atuação do coordenador pedagógico

É possível categorizar a ação coordenadora nas escolas em três dimensões: articuladora, formadora e transformadora.

Dimensão articuladora

Em todas as escolas, houve a preocupação da coordenação pedagógica em articular as ações de capacitação para os professores das Classes de Aceleração com as demais ações da escola. Os professores das Classes de Aceleração tinham oportunidade de trocar suas experiências com as dos colegas, de repartir com eles os benefícios que recebiam de uma capacitação "especial". Eis as falas:

E1: "Há uma hora de reunião com todo mundo nos HTPCs (professores das Classes de Aceleração e todos os demais) e uma hora onde se reúne cada professor com sua série" (coordenadora pedagógica).

E2: "Já em 1998, o HTPC passou a realizar-se envolvendo todo o corpo docente da escola. Durante esses encontros, os professores das Classes de Aceleração têm oportunidade de realizar uma troca de experiências com seus colegas, o que não garante o real conhecimento do Projeto por parte de todos" (coordenadora pedagógica).

E3: "Os HTPCs – deles participam todos os professores. Tive a oportunidade de assistir a uma das reuniões, da qual participaram também a diretora e a vice. Nessa reunião, coordenada pela coordenadora pedagógica, estavam presentes dezoito professores. O clima da reunião era bastante agradável. Havia uma pauta organizada pela coordenadora pedagógica e que foi realizada" (pesquisadora).

E4: "Os HTPCs são conjuntos, mas têm os horários especiais para Classes de Aceleração. Eu preparo bem os HTPCs... E vencendo sempre!" (coordenadora).
Obs.: "Vencendo sempre" é o lema da coordenadora, que até criou uma camiseta para alunos da Classe de Aceleração com ele.

E5: "Todas as capacitações que faço na Delegacia de Ensino passo para todos os professores no HTPC, e não só para os professores da Classe de Aceleração" (coordenadora pedagógica).

E6: "O HTPC ocorre com todos os professores – a coordenadora pedagógica dá espaço para que os professores da Classe de Aceleração tragam as novidades da Delegacia de Ensino e divulguem para as colegas" (pesquisadora).

"Há na escola uma torcida organizada em favor do bom desempenho das Classes de Aceleração" (coordenadora pedagógica).

Dimensão formadora

Era principalmente nas reuniões de HTPC que a ação formadora se evidenciava. As falas apresentadas revelavam que havia sempre, nos HTPCs, um horário especial para os professores das Classes de Aceleração trabalharem seus problemas específicos. A coordenação pedagógica cuidava para que esses espaços fossem bem aproveitados, e fazia a "ponte" entre a capacitação feita pela Delegacia de Ensino e o atendimento às necessidades da rotina de trabalho.

Além da participação nos HTPCs, os professores destacaram uma forte presença da coordenação pedagógica no incentivo ao registro das atividades realizadas em suas salas de aula e na orientação ao preenchimento das fichas de acompanhamento dos alunos.

Em todas as escolas, registraram-se atividades sistemáticas de acompanhamento das classes, por meio de anotações, participação em atividades, verificação de cadernos – em algumas escolas os alunos levavam os cadernos à sala de coordenação para o visto.

Dimensão transformadora

Pode-se dizer que todas as ações da coordenação pedagógica têm a intenção de transformar a postura do professor. Essas ações se apresentam nas reuniões pedagógicas, no acompanhamento das classes, no atendimento às necessidades e dificuldades.

É interessante notar que os coordenadores registram que houve transformação neles próprios – revisão das próprias atividades, incorporação de outras atribuições, avaliação de suas práticas.

"O estabelecimento de uma pauta de discussão, mais dirigida para a questão do cotidiano escolar e de suas necessidades reais, está em processo."

"Tudo agora é comentado..."

"Por exemplo, atender aluno não é função do coordenador, mas acabo atendendo."

Em síntese, a coordenação pedagógica nas escolas, em relação às Classes de Aceleração, teve como características o que chamamos de *dimensões articuladora, formadora e transformadora*.

Com um espaço de intervenção relativamente limitado – os HTPCs –, o acompanhamento e a formação dos professores das Classes de Aceleração teve como princípios básicos o envolvimento dos educadores, quer do ponto de vista profissional, quer do pessoal, em torno de um projeto político-pedagógico que suscitou um compromisso com os alunos em defasagem de idade e aprendizagem, uma reflexão e uma mudança da prática cotidiana, um processo de estudo e revisão teórico-metodológica, uma abertura e uma disponibilidade para o novo, o diferente, o inesperado.

O planejamento passa a fazer parte da ação da coordenadora – e dos professores – sem que se exclua a flexibilidade, a necessidade emergente do momento (seja de discussão em HTPCs, seja de atendimento em sala de aula do professor).

Acreditamos que o trabalho do coordenador pedagógico – em nível de sistema (supervisor de ensino, no Estado de São Paulo) ou de unidade – é de fundamental importância na articulação das ações educativas. No entanto, com frequência ouve-se da irrelevância dessa função na escola. As ações de coordenação analisadas na implementação das Classes de Aceleração nos permitem reafirmar a crença no trabalho do coordenador pedagógico e identificar que condições e circunstâncias podem levar ao sucesso o projeto pedagógico das classes e – o que é da mais elevada importância – a bem-sucedidos processos de aprendizagem de nossos alunos e de ensino-aprendizagem na parceria professores-alunos.

Referência bibliográfica

PUC-SP – Programa de Estudos Pós-Graduados em Educação: Psicologia da Educação (1998). *Projeto Avaliação de Desempenho dos Alunos Egressos de Classes de Aceleração e Identificação de Fatores de Sucesso do Projeto*. São Paulo, PUC-SP – PED.

O coordenador/formador como um dos agentes de transformação da/na escola

Luzia Angelina Marino Orsolon
Consultora Pedagógica. e-mail: luorsolon@uol.com.br

Transformar significa ultrapassar o estabelecido, desmontar os antigos referenciais, adotar novas bases conceituais, construir outras modalidades de ação, ligando objetividade e subjetividade (Maria da Glória Pimentel – anotações de palestra – 1999).

Cada época se impõe e nos impõe desafios diante dos quais nos sentimos, muitas vezes, despreparados. No século que findou, constatamos a todo momento indícios de mudança nos diferentes campos do conhecimento, nas organizações sociais e nas diferentes culturas e sociedades. Eles têm chegado até a escola, levantando questionamentos que demandam reflexões e sobre os quais o coletivo da escola precisa se debruçar. Temos aqui um dos motivos pelos quais a mudança tem sido um tema recorrente para os educadores.

Quem deve educar este homem e como fazê-lo no atual contexto que se configura, assumindo-se como sujeito e objeto dessas mudanças? E que espécie de mudanças são essas? Para onde se dirigem?

Falo aqui do compromisso com a formação do homem transformador, aquele capaz de analisar criticamente a realidade, desvelando seus determinantes sociais, políticos, econômicos e ideológicos, protagonista da construção de uma sociedade justa e democrática, superador dos determinantes geradores de exclusão.

A escola, espaço originário da atuação dos educadores, mantém uma relação dialética com a sociedade: ao mesmo tempo em que reproduz, ela transforma a sociedade e a cultura. Os movimentos de reprodução e transformação são simultâneos. As práticas dos educadores, que ocorrem na escola, também se apresentam dialéticas, complexas. Desvelar e explicitar as contradições subjacentes a essas práticas são alguns dos objetivos do trabalho dos coordenadores, quando planejado na direção da transformação.

Essas posições permitem-nos afirmar que as inovações, no campo educacional, seja no âmbito das ideias, seja no dos materiais, incidem sobre as pessoas envolvidas nesse processo, e portanto serão elas, professores, coordenadores e demais funcionários da escola, os agentes responsáveis pelos processos de mudança que poderão ocorrer. São elas que, ao mesmo tempo em que sofrem o impacto, podem protagonizar as mudanças. Com isso quero dizer que as transformações em questão são um trabalho de autoria e de coautoria, no qual o discurso oficial, a pressão do ambiente não são suficientes para desencadear esses processos. É necessário que haja a adesão, a revisão das concepções, o desenvolvimento de novas competências e a consequente mudança de atitudes dos envolvidos no processo. Mudar é portanto trabalho conjunto dos educadores da escola e supõe diálogo, troca de diferentes experiências e respeito à diversidade de pontos de vista.

Levar os educadores à conscientização da necessidade de uma nova postura é, a meu ver, acreditar na possibilidade de transformar a realidade e também acreditar na escola como um espaço adequado para isso, dado que, assim, por meio de um movimento dialético de ruptura e continuidade, poderá cumprir sua função inovadora.

Uma experiência de formação continuada em serviço

As preocupações acima levantadas e a crença de que o coordenador pode ser um dos agentes de transformação por meio da escola direcionaram meu trabalho de pesquisa, que buscou responder *quais seriam as ações do coordenador, com o professor, capazes de desencadear um processo de mudança.*

O trabalho foi realizado com um grupo de professores do ensino médio, num processo de formação continuada, durante o qual os professores vivenciaram a implantação de uma prática curricular inovadora, denominada "projetos interdisciplinares". Foi possível encontrar algumas respostas que se configuraram como conclusões, não definitivas, para tais interrogações.

O coordenador é apenas um dos atores que compõem o coletivo da escola. Para coordenar, direcionando suas ações para a transformação, precisa estar consciente de que seu trabalho não se dá isoladamente, mas nesse coletivo, mediante a articulação dos diferentes atores escolares, no sentido da construção de um projeto político-pedagógico transformador. É fundamental o direcionamento de toda a equipe escolar, com a finalidade de explicitar seus compromissos com tal prática político-pedagógica verdadeiramente transformadora. Essa é uma maneira de garantir que os atores, de seus diferentes lugares – professor, coordenador, diretor, pais, comunidade e alunos –, apresentem suas necessidades, expectativas e estratégias em relação à mudança e construam um efetivo trabalho coletivo em torno do projeto político-pedagógico da escola. Assim, as mudanças são significativas para toda a comunidade escolar, de maneira que as concordâncias e discordâncias, as resistências e as inovações propostas se constituem num efetivo exercício de confrontos que possam transformar as pessoas e a escola. A ação do coordenador, tal qual a do professor, traz subjacente um saber fazer, um saber ser e um saber agir que envolvem, respectivamente, as dimensões técnica, humano-interacional e política (Placco, 1994:18) desse profissional e se concretizam em sua atuação. Esses aspectos estão em constante relação/interação na pessoa do professor e do coordenador e se traduzem em sua prática. A esse movimento, que ocorre de maneira crítica e simultânea produzindo a compreensão do fenômeno educativo, Placco (1994) denomina *sincronicidade*. Esse processo dinâmico é o responsável pela mediação da ação pedagógica, e para que essa mediação alcance as metas definidas, ou seja, assuma a práxis e sua transformação, "a sincronicidade deve ser vivida num processo consciente e crítico" (Placco, 1994:19). Temos então a sincronicidade consciente mediando a prática do professor e o processo de formação mediando a transformação do professor, da escola e da educação, residindo aí algumas possibilidades transformadoras, as quais descrevo como contribuição para o trabalho de coordenadores que buscam atuar como mediadores das mudanças da prática dos professores e acabam se transformando também.

O coordenador pode ser um dos agentes de mudança das práticas dos professores mediante as articulações externas que realiza entre estes, num movimento de interações permeadas por valores, convicções, atitudes; e por meio de suas articulações internas, que sua ação desencadeia nos professores, ao mobilizar suas dimensões políticas, humano-interacionais e técnicas, reveladas em sua prática. É um processo que aponta para dois movimentos: um interno/subjetivo, que se dá na pessoa do professor, ao tomar consciência de sua sincronicidade; e outro externo/objetivo, que se dá pela mediação do coordenador via formação continuada. O coordenador, quando planeja suas ações, atribui um sentido a seu trabalho (dimensão ética) e destina-lhe uma finalidade (dimensão política) e, nesse processo de planejamento, explicita seus valores, organiza seus saberes para realizar suas intenções político-educacionais. Exerce portanto a consciência de sua sincronicidade. Esse movimento é gerador de nova consciência, que aponta para novas necessidades, gera novas interrogações, propicia novas construções e novas transformações.

Os processos de formação continuada, da mesma maneira que a prática docente, não acontecem numa única direção, contemplando uma única dimensão. O que pode acontecer é que, em determinadas ocasiões e/ou contextos, privilegie-se um desses aspectos. Placco e Silva (1999) apontam para algumas dimensões possíveis de formar: dimensão técnico-científica, dimensão da formação continuada, dimensão do trabalho coletivo, dimensão dos saberes para ensinar, dimensão crítico-reflexiva e dimensão avaliativa[1].

---

1. Estas dimensões estão detalhadas no texto de Placco e Silva intitulado: A formação do professor: reflexões, desafios, perspectivas, in Bruno, Almeida e Christov (orgs.), *O coordenador pedagógico e a formação continuada*, São Paulo, Loyola, 2000.

Ações/atitudes do coordenador desencadeadoras de um processo de mudança

Sinalizo algumas ações/atitudes do coordenador capazes de desencadear mudanças no professor, as quais foram definidas a partir dos limites e possibilidades apontados em minha pesquisa (Orsolon, 2000). São ações/atitudes a contemplar nos processos de formação continuada, uma das estratégias possíveis para o coordenador atuar como agente produtor de mudanças nas práticas dos professores e, talvez, nas práticas sociais mais amplas.

Promover um trabalho de coordenação em conexão com a organização/gestão escolar

As práticas administrativas e pedagógicas desenvolvidas na escola desenham as relações e as interações que as pessoas estabelecem em seu interior e definem formas/modelos para o fazer docente. Quando os professores percebem movimentos da organização/gestão escolar direcionados para a mudança de determinado aspecto de sua prática, essa situação pode se constituir num fator sensibilizador para sua mudança. A promoção de um trabalho pedagógico que ultrapasse as fronteiras do conhecimento e das funções/ações rigidamente estabelecidas no âmbito da organização e da gestão da escola, por meio de uma gestão participativa, na qual os profissionais dos diferentes setores possam efetivamente participar da construção do projeto político-pedagógico da escola, colaborando na discussão, a partir de seu olhar e de sua experiência, propiciaria a construção de uma escola em que as relações e os planejamentos de trabalho se dessem de maneira menos compartimentada, mais compartilhada e integrada. A aprendizagem mediante a vivência desse saber-fazer na escola viabilizaria a interdisciplinaridade no âmbito do conhecimento e permitiria o questionamento das práticas docentes vigentes, no sentido de transformá-las.

Realizar um trabalho coletivo, integrado com os atores escolares

A mudança na escola só se dará quando o trabalho for coletivo, articulado entre todos os atores da comunidade escolar, num exercício individual e grupal de trazer as concepções, compartilhá-las, ler as divergências e as convergências e, mediante esses confrontos, construir o trabalho. O coordenador, como um dos articuladores desse trabalho coletivo, precisa ser capaz de ler, observar e congregar as necessidades dos que atuam na escola; e, nesse contexto, introduzir inovações, para que todos se comprometam com o proposto. À medida que essas novas ideias, além de conter algo novo, forem construídas, discutidas e implementadas pelos professores e coordenadores envolvidos, tornar-se-ão possíveis a adesão e o compromisso do grupo e, dessa forma, se reduzirão as prováveis resistências.

Mediar a competência docente

O coordenador medeia o saber, o saber fazer, o saber ser e o saber agir do professor. Essa atividade mediadora se dá na direção da transformação quando o coordenador considera o saber, as experiências, os interesses e o modo de trabalhar do professor, bem como cria condições para questionar essa prática e disponibiliza recursos para modificá-la, com a introdução de uma proposta curricular inovadora e a formação continuada voltada para o desenvolvimento de suas múltiplas dimensões. Essa mediação pedagógica objetiva auxiliar o professor na visão das dimensões de sua ação, para que ele perceba quais os relevos atribuídos a cada uma delas e a postura daí decorrente. Ao planejar a formação continuada, a ênfase a ser dada em cada uma das múltiplas dimensões desse processo possibilitará orientá-lo ou não no sentido da mudança. Assim, é fundamental que o coordenador conheça e se aproprie das dimensões do processo de formação continuada e faça delas o núcleo de sua ação coordenadora.

Desvelar a sincronicidade do professor e torná-la consciente

As intervenções do coordenador podem se dar no sentido da manutenção das práticas docentes vigentes ou no sentido de sua transformação. A necessidade da transformação evidencia-se à medida que o educador tem consciência de si mesmo e do impacto de suas intervenções na realidade. Assim, propiciar condições para que a sincronicidade – "ocorrência crítica de componentes políticos, humano-interacionais e técnicos na ação do professor" (Placco, 1994:18) – seja desvelada e se torne consciente é uma maneira de possibilitar ao professor novas leituras sobre o seu fazer. Nesse movimento de se perguntar sobre o que vê é que se rompe com a insuficiência do saber que se tem, condição importante para os movimentos de mudança na ação do professor.

Investir na formação continuada do professor na própria escola

Desencadear o processo de formação continuada na própria escola, com o coordenador assumindo as funções de formador, além de possibilitar ao professor a percepção de que a proposta transformadora faz parte do projeto da escola, propiciará condições para que ele faça de sua prática objeto de reflexão e pesquisa, habituando-se a problematizar seu cotidiano, a interrogá-lo e a transformá-lo, transformando a própria escola e a si próprio.

Incentivar práticas curriculares inovadoras

Propor ao professor uma prática inovadora é uma tarefa desafiadora para o coordenador, porque conduz a um momento de criação conjunta, ao exercício da liberdade e às possibilidades efetivas de parceria. Acompanhar esse trabalho possibilita desencadear um processo de reflexão na ação (formação continuada) durante o qual o professor vivencia um novo jeito de ensinar e aprender e, mediante essa nova experiência, revê sua maneira de ser e fazer, pois a inovação incide em sua pessoa e em sua atividade profissional. Visualizar novas perspectivas, movimentar o cotidiano do professor desencadeiam um movimento de busca pelo conhecimento, à medida que ele precisa recorrer a outros repertórios e procurar ajuda. Nesse processo, o professor assume a formação continuada, movido por uma necessidade interna, embora gerada por uma demanda externa, aprendendo a aprender e transformar-se. Ao propor práticas inovadoras, é preciso que o coordenador as conecte com as aspirações, as convicções, os anseios e o modo de agir/pensar do professor, para que estas tenham sentido para o grupo e contem com sua adesão.

Estabelecer parceria com o aluno: incluí-lo no processo de planejamento do trabalho docente

O aluno é um dos agentes mobilizadores da mudança do professor; assim, é fundamental planejar situações que permitam, efetivamente, sua participação no processo curricular da escola. Criar oportunidades e estratégias para que o estudante participe, com opiniões, sugestões e avaliações, do processo de planejamento do trabalho docente é uma forma de tornar o processo de ensino e de aprendizagem mais significativo para ambos (constam dessas oportunidades espaço nos planos de ensino para unidades decididas pelo grupo, disciplinas eletivas, cuja temática seja construída a partir de sugestões e necessidades dos alunos; espaços para ouvi-los, sistematicamente, a respeito do processo escolar que estão vivenciando, entre outras). O olhar do aluno instiga o professor a refletir e avaliar, com frequência, seu plano de trabalho e redirecioná-lo. É também oportunidade para o professor produzir conhecimento sobre seus alunos (dimensão da formação continuada) e vivenciar posturas de flexibilidade e de mudança.

Criar oportunidades para o professor integrar sua pessoa à escola

A fragmentação tem sido a característica do conhecimento vivenciado na escola e, por muito tempo, o professor também se trouxe fragmentado. No entanto, é cada vez mais consensual que o perfil profissional do professor se constrói no entrecruzamento das trajetórias pessoal (o que ele é) e profissional (o que ele realiza). Criar situações e espaços para compartilhar as experiências, para o professor se posicionar como homem/cidadão/profissional, é propiciador de uma prática transformadora. O que o professor "diz e faz é mediatizado pelo seu corpo, pelos seus afetos, seus sonhos, seus fantasmas e suas convicções" (Nóvoa, 1992: 189).

Procurar atender às necessidades reveladas pelo desejo do professor

Propor práticas que sejam transformadoras e respondam aos anseios e desejos do professor exige que o coordenador esteja em sintonia com os contextos sociais mais amplos, com o contexto educacional e com o da escola na qual atua. A análise crítica desses contextos fornece subsídios para o planejamento da coordenação; e, quando dessa realidade a ser diagnosticada também fizerem parte os desejos dos professores, o coordenador terá uma situação propícia para realizar ações no sentido da transformação. "Colados às necessidades, eles [os desejos] se manifestam como fonte do humano, propulsores da passagem do estabelecido para o inventado" (Rios, 1994: 32).

Estabelecer parceria de trabalho com o professor

Embora a atitude de parceria do coordenador com o professor esteja implícita nas diversas ações apontadas, creio ser necessário explicitá-la como uma das ações capazes de promover mudanças nas práticas dos professores. O trabalho de parceria, que se constrói articuladamente entre professores e coordenação, possibilita tomada de decisões capazes de garantir o alcance das metas e a efetividade do processo para alcançá-las. O professor se compromete com seu trabalho, com o aluno, com seu contexto e consigo mesmo. Por sua vez, o coordenador tem condições de respeitar e atender aos diferentes ritmos de cada professor. Compartilhar essas experiências no pensar e no agir possibilita ao coordenador rever seu papel, historicamente dado, de supervisionar, de deter informações, para "covisionar". Nas relações com o professor, institucionalmente hierarquizadas, criam-se possibilidades efetivas de aprender junto, de complementar o olhar, de ampliar as perspectivas de atuação em sala, de maneira menos fragmentada.

Propiciar situações desafiadoras para o professor

O desafio aos professores pode ser provocado pelas expectativas dos alunos em relação ao curso, por uma proposta nova de trabalho, pelas ações do coordenador e/ou pelas interrogações advindas de seu trabalho. Todas essas situações provocam a desinstalação do professor, o que possibilita novos olhares, geradores de novas ações. "Cada desafio traz em si o germe da mudança"

(Placco, 1994: 107). Desencadear um trabalho de acompanhamento da ação docente, que privilegie a reflexão crítica da prática do professor, movimenta-o para a mudança, enquanto pesquisador de sua própria prática, a partir dos interesses e interrogações nela/por ela suscitados.

Viver num cenário de mudança não tem sido nada confortador para o educador, principalmente para o coordenador, que faz nela/dela seu foco de ação, sua parceira de trabalho. Trabalhar no sentido do "ainda não", do "por vir" nos desafia e angustia, pois visualizamos as possibilidades de mudança sob a ótica do possível, ou seja, a nova realidade embrionária desejada. Esse movimento se dá a partir de situações concretas do educador que, consciente de seu papel e de sua sincronicidade, imprimirá direção à sua ação.

O coordenador/educador será um agente transformador na medida em que transformar a si mesmo e, por consequência, à realidade.

Referências bibliográficas

NÓVOA, A. (org.) (1995). *Profissão professor*. 2ª ed., Portugal, Porto Ed. (Coleção Ciências da Educação).

ORSOLON, Luzia A. M. (2000). *O coordenador/formador como um dos agentes de transformação da/na escola*. São Paulo, PUC. Dissertação de mestrado.

PLACCO, Vera M. N. de Souza (1994). *Formação e prática do educador e do orientador: confrontos e questionamentos*. Campinas, Papirus.

PLACCO, Vera M. N. S., SILVA, Sylvia H. S. (2000). A formação do professor: reflexões, desafios e perspectivas. In: BRUNO, E., ALMEIDA, L., CHRISTOV, L. (orgs.). *O coordenador pedagógico e a formação docente*. São Paulo, Loyola.

RIOS, Terezinha A. (1994). *Ética e competência*. 2ª ed., São Paulo, Cortez (Coleção Questões da Nossa Época, vol. 16).

O coordenador pedagógico e a constituição do grupo de professores

Vera Lucia Trevisan de Souza
PPG Psicologia - PUC-Campinas.
e-mail: vera.trevisan@uol.com.br

A necessidade da formação contínua do professor é uma realidade que o coordenador pedagógico tem de enfrentar. Digo "enfrentar" porque é dele a função de formar esses professores dentro da instituição em que atua, e sabemos que a formação contínua é condição para o exercício de uma educação consciente das necessidades atuais dos alunos que frequentam a escola.

A escola só se caracteriza como tal porque tem em seu bojo professores e alunos. Os professores formam um grupo e, mesmo considerando a individualidade de cada um, o grupo interfere na atividade do professor, que se norteia de acordo com as relações estabelecidas nesse espaço de interação.

Entretanto, não basta uma somatória de pessoas para existir um grupo e, tendo em vista que os professores devem ser liderados pelo coordenador pedagógico, necessário se faz pensar em como possibilitar a construção do grupo, para desenvolver um trabalho coletivo rumo à superação das fragmentações hoje comuns nas escolas.

O primeiro passo nessa direção é reunir os professores, o que não é tarefa fácil, pois trata-se de conciliar horários possíveis a todos. Acordado um horário comum com o grupo, marcar encontros semanais, ou no máximo quinzenais, que deverão ser permanentes. O(a) coordenador(a) já pode então organizar suas tarefas de maneira que esteja disponível nesse horário marcado, cuidando de não se atrasar ou interromper a reunião para atender a eventuais ocorrências. É muito importante os professores perceberem que nesse horário o(a) coordenador(a) está totalmente envolvido com o grupo, pois essa atitude deverá favorecer o próprio envolvimento dos professores.

Grupo reunido, quais as tarefas do(a) coordenador(a)? O que fazer com o grupo e como fazer?

O(a) coordenador(a) precisa ter um planejamento para a formação contínua, o qual só pode ser desenvolvido a partir das leituras das necessidades do grupo de professores. Nesse sentido, o trabalho do(a) coordenador(a) não é muito diferente do do professor que, para fazer seu planejamento, precisa antes conhecer o que seus alunos já sabem, o que não sabem e precisam aprender. O(a) coordenador(a) então, a essa altura, já deve ter observado as necessidades maiores dos professores, na relação com os alunos, com o ensino, com a visão de educação, com a concepção de aprendizagem e avaliação etc.

A questão é que geralmente percebemos muitas necessidades ao mesmo tempo, justamente pela forma como a formação inicial tem se desenvolvido nos últimos tempos. Podemos observar, por exemplo, que o professor conhece pouco sobre o processo de aprendizagem dos alunos, sobre avaliação, sobre como lidar com a disciplina, ou mesmo sobre estratégias de ensino.

Diante dessa constatação, novamente a exemplo do professor, o(a) coordenador(a) tem de fazer escolhas: por onde começar? Deve ele começar pelo tema que mais incomoda os professores, que emperra o avanço da proposta de ensino, que impede ou não facilita a aprendizagem dos alunos? E se isso paralisar o grupo num sentimento de impotência e de baixa autoestima? Deve então começar pelo que é importante, mas menos polêmico? E se isso desmobilizar o grupo e não o comprometer no processo de reflexão e discussão, indispensável para a constituição do grupo? Todas essas questões deverão ser analisadas com cuidado pelo(a) coordenador(a) pedagógico(a), na construção de seu planejamento. Ele é quem deverá avaliar a situação e escolher o caminho. Daí a importância de conhecer cada professor.

Feita a escolha, é hora de começar: é muito importante que as reuniões tenham um tema a ser discutido/estudado, uma tarefa a ser desenvolvida, pois só se constrói grupo pela realização de tarefas, com a busca de objetivos comuns.

Uma vez definido "o que" trabalhar nas reuniões de formação contínua, é momento de estabelecer "como" – a forma que irá favorecer o desenvolvimento dos objetivos propostos.

É preciso muito cuidado para abordar com os professores questões relativas a sua atividade docente. Não se podem apontar os erros diretamente, antes da construção de vínculos. Só quando os vínculos estão estabelecidos é que se torna possível lidar com as críticas, expor os não saberes, confrontar-se com as faltas.

O caminho, no início, pode ser o estudo de teorias sobre o tema escolhido, cujos textos também precisam estar adequados ao grupo naquele momento, demandando outra escolha do coordenador, que novamente, à semelhança do professor, terá de saber mais sobre o tema que seus alunos-professores, e portanto terá de estudar muito sobre o assunto.

É comum, quando propomos o estudo de um texto, perguntar ao grupo o que entenderam, o que acharam mais importante, o que não entenderam, que relações fizeram com a prática, e como resposta deparar com um silêncio absoluto. Isso porque as pessoas precisam estar seguras para expressar seus entendimentos sobre determinado assunto, caso contrário o medo de expor-se ao outro prevalece, e ninguém fala. Esse medo vai sendo superado com a construção do vínculo, mobilizada pelo(a) coordenador(a), e com a própria compreensão do texto. Daí a necessidade de estudar o texto e fazer um levantamento dos pontos principais. Assim, se acontecer o silêncio, ou a simplificação excessiva dos conceitos, o(a) coordenador(a) deverá chamar o grupo de volta ao texto e ir, de acordo com os pontos levantados, explicitando as ideias, fazendo perguntas ao grupo, estabelecendo relações com a prática. Enfim, se os professores não levantarem questões sobre o texto, o(a) coordenador(a) deverá fazê-lo.

Ainda sobre a organização geral dos encontros, o(a) coordenador(a) poderá organizar uma pauta, considerando o tempo do encontro e distribuindo as atividades de acordo com ele. A pauta, lida no início da reunião, organiza e prepara o grupo para as atividades que serão desenvolvidas e facilita o trabalho do(a) coordenador(a). Incentivar o grupo a registrar as principais discussões, encaminhar sínteses, visando historicizar o processo do grupo, e manter sempre uma avaliação da reunião ao final de cada encontro, ajuda a conhecer o grupo, facilita a expressão de cada um, além de possibilitar avanços na escrita dos professores. Assim, a cada reunião pode-se começar pela leitura da síntese do encontro anterior, cuja elaboração poderá ser alternada entre o grupo, ou feita por todos. Esse momento permite retomar as questões discutidas anteriormente, constituindo-se em mais um espaço de reflexão do professor. A avaliação do encontro também pode ser pensada antes, pelo(a) coordenador(a), que deverá elaborar uma pergunta relativa ao que pretende discutir na reunião, evitando-se que as considerações sobre o encontro fiquem no "gostei", "achei interessante" etc. Perguntas do tipo "O que aprendi hoje?"; "O que constatei que já sei e no que preciso me aprofundar?"; ou "As falas no grupo facilitaram a compreensão dos conteúdos?"; ou ainda "Houve avanço do grupo em relação às questões propostas?" e muitas outras favorecem a reflexão dos professores e possibilitam ao(à) coordenador(a) avaliar o próprio grupo.

A pauta é só um caminho, e deverá ser um caminho aberto, com muitas possibilidades. É interessante, portanto, que no momento de sua leitura o(a) coordenador(a) pergunte ao grupo se quer incluir outros assuntos, dando a esse recurso um caráter de construção, da qual todos participam.

Na coordenação da reunião, o(a) coordenador(a) deverá fazer intervenções constantes, visando estabelecer vínculos. É preciso garantir que todos falem, é preciso intervir nas falas em defesa do professor que possa estar sendo "atacado" pelo colega, é preciso favorecer a construção do grupo.

Freire (1993) desenvolve uma teoria sobre "construção de grupos", tomando por base a teoria de "grupos operativos" de Pichon-Riviére (1982). Observando o movimento dos grupos que coordena como educadora, Freire constata alguns aspectos em seu processo de construção, quais sejam: *"três movimentos básicos, duas estruturas (simbólica e diferenciada), dois tipos (primário e secundário)* e cinco papéis que cada um pode ocupar dentro do grupo" (1993: 28).

Segundo a autora, são três os movimentos vividos na construção do grupo; não são isolados e constituem-se em processo. Esses movimentos não indicam a qualidade do grupo, mas fazem parte de uma construção efetiva: se não há movimento, não há construção.

No primeiro movimento o grupo é um "amontoado indiferenciado, ou seja, pessoas que se juntam no mesmo espaço, com determinada finalidade. Nesse momento, segundo Freire, a busca dos componentes do grupo é pela semelhança: "Somos todos iguais", daí a indiferenciação. A relação com o educador do grupo é "mitificada"; o grupo acredita que o coordenador/professor sabe tudo e vai provê-lo em suas necessidades.

O segundo movimento do grupo surge quando seus componentes percebem as diferenças e começam a divergir: "Eu não concordo, eu não penso assim". As pessoas que fazem parte do grupo começam a assumir uma identidade própria, percebendo-se diferentes dos demais e querendo expressar essa diferença. Nesse momento, a relação com o educador do grupo humaniza-se, na medida em que o grupo o reconhece como limitado, como alguém que pode ajudar o grupo mas não provê-lo de todas as necessidades ou resolver todos os problemas.

No terceiro movimento, as divergências são exercitadas – as pessoas já não temem discordar ou emitir seus pontos de vista –, enxerga-se e aceita-se o outro com suas diferenças, e o exercício da crítica passa a ser constante, pois uma vez que se aceita o outro, que se percebe cada um com sua individualidade, há intimidade suficiente para criticar. Essa crítica vale também para o educador do grupo, uma vez que seus componentes tendem a recriar o modelo do educador, buscando novas formas de educar.

A estrutura simbiótica é a que governa o primeiro movimento do grupo. Ele se estrutura como um gueto que se une para se defender, e as divergências são vividas como ameaça. A relação com o educador é de dependência, e o novo, o diferente, é geralmente excluído dessa estrutura. Já na estrutura diferenciada, como o próprio nome revela, o grupo está reunido para trabalhar as diferenças, e a convivência com os conflitos, com a crítica construtiva possibilita o desenvolvimento da autonomia de seus componentes.

Em relação aos tipos de grupo, Freire (1993) descreve o "primário" como aquele constituído por vínculos afetivos, por exemplo a família ou o grupo de amigos. Já o "secundário" é caracterizado por vínculos profissionais, o que não significa que não haja vínculos afetivos mas eles não podem ser o que norteia o grupo.

Segundo Freire (1993), há cinco papéis que podemos observar num grupo: o *silencioso,* o *líder de mudança,* o *líder de resistência,* o *bode expiatório* e o *porta-voz.* O silencioso cristaliza os silêncios do grupo, mantendo escondido aquilo que não pode ser dito. O líder de mudança enfrenta as dificuldades, os conflitos que surgem e aponta as soluções, favorecendo o crescimento. O líder de resistência, ao contrário do líder de mudança, impede o grupo de avançar, na medida em que retoma questões já resolvidas como uma nova problemática. O porta-voz é aquele que capta os mal-estares do grupo e explicita-os, possibilitando que se trabalhem os conflitos. Já o bode expiatório funciona como depósito das questões que o grupo não pode, não consegue ou não quer enfrentar; é o depositário de tudo o que é "ruim" no grupo.

Para a autora, tanto os movimentos como os papéis vividos pelo grupo não são estanques e precisam ser identificados e trabalhados pelo(a) coordenador(a) do grupo, visando ao seu crescimento. Ou seja, com relação aos papéis, por exemplo, eles precisam ser alternados pelo grupo, de maneira que não se cristalizem numa única pessoa: "O silencioso é sempre silencioso, o porta-voz é sempre o mesmo".

Por que é importante para o(a) coordenador(a) conhecer e compreender o funcionamento de um grupo?

A existência de um grupo é a condição primeira para a atividade do(a) coordenador(a), uma vez que ele vai trabalhar na liderança de pessoas que desenvolvem um trabalho comum, no caso professores. Lidar com grupos implica lidar com diferenças, o que equivale a enfrentar conflitos e buscar caminhos para superá-los.

Como sujeitos constituídos pelas relações de mediação que estabelecemos com o mundo a nossa volta, somos seres únicos, situados, e portanto com um jeito próprio de ser em todas as instâncias em que atuamos. Assim, um espaço de desenvolvimento e aprendizagem efetivos só existe de fato quando se contemplam as divergências. Afinal é o pensamento divergente que propicia avanços no campo do conhecimento, enquanto a convergência tende a manter as coisas como estão. Se queremos que nossos professores considerem a heterogeneidade de seus alunos, é preciso que o(a) coordenador(a) desenvolva um trabalho com o grupo de professores que considere suas diferenças.

Freire (1993) diz que a construção de um processo democrático se dá no grupo, envolvendo todos os participantes da escola, e que portanto, se optamos por essa concepção de educação, "temos de trabalhar, saber, refletir e conhecer, como se constitui um grupo", pois, uma vez educados segundo a concepção autoritária de educação, estamos habituados a lidar com grupos como se fossem "massas homogêneas".

Quando o grupo é um "amontoado" de pessoas, cujo sonho é a homogeneidade (somos todos iguais), seus componentes só buscam a semelhança; então, ou se concorda em tudo, ou não se é um grupo. As diferenças, nesse momento, são vistas como "traição", acirrando o medo do confronto.

Modificar essa estrutura de grupo não é tarefa simples, e demanda um grande investimento do(a) coordenador(a) – aquele que assumirá o papel de intervir nessa estrutura, para que as diferenças apareçam e sejam trabalhadas, possibilitando a expressão da individualidade de cada um.

Entretanto, esse trabalho não é terapêutico, não visa aos conteúdos do sujeito diretamente, mas ao crescimento do trabalho do grupo, que se constrói pela realização das tarefas relativas ao fazer pedagógico de cada um. Quando um grupo de professores se reúne para discutir sua prática, para estudar, várias pessoas se posicionam, relacionando-se entre si, o que implica a expressão de pontos de vista diversos. Essa expressão precisa ser garantida pelo(a) coordenador(a) pedagógico(a), visando à igualdade de participação. Isso significa "controlar" os mais falantes, "dar voz" aos silenciosos, viabilizar acrítica construtiva, sempre tendo como objeto uma tarefa.

Esse trabalho de construção do grupo propicia sua ascensão a outros movimentos, e a cada nova estrutura de funcionamento as pessoas crescem no e pelo grupo, pela oportunidade de vivenciar diferentes papéis, de encarar e lidar com as diferenças, percebendo-se como igualdade e diferença, num movimento dialético constante.

É dessa maneira que os vínculos se constroem, pautados pelo respeito ao outro, pelo reconhecimento das diferenças do outro: "Gosto dele porque é diferente, porque ele não sou eu".

Referências bibliográficas

FREIRE, Madalena (1993). *Grupo: indivíduo, saber e parceria*. São Paulo, Espaço Pedagógico.
GATTI, Bernardete (1996). Os professores e suas identidades: desvelamento da heterogeneidade. *Cadernos de Pesquisa*, São Paulo, n. 98, pp. 85-90.
_____ (1997). *Formação de professores e carreira: problemas e movimentos de renovação*. São Paulo, Ed. Autores Associados.
PERRENOUD, P. (1997). *Práticas pedagógicas, profissão docente e formação: perspectivas sociológicas*. Lisboa, Publicações Dom Quixote.
PLACCO, Vera M. N. de Souza (1994). *Formação e prática do educador e orientador*. Campinas, Papirus.

Intenções e problemas em práticas de coordenação pedagógica

Luiza Helena da Silva Christov
Instituto de Artes - UNESP
e-mail: luizachristov@gmail.com

Apresentação

Este trabalho apresenta uma reflexão acerca do processo de educação continuada implementado em três programas municipais de educação de adultos:
- da Prefeitura Municipal de São Paulo, regional de Itaquera, no período de 1985 a 1987;
- da Prefeitura Municipal de Diadema, de 1987 a 1988; e
- da Prefeitura Municipal de Presidente Prudente, de 1985 a 1989.

Trata-se de uma pesquisa (Christov, 1992) realizada para elaboração da dissertação de mestrado defendida em 1992, junto à Pontifícia Universidade Católica de São Paulo, sob a orientação do Professor Doutor Celso João Ferretti.

A partir da investigação realizada, foi possível a distinção de três problemas centrais nesses processos de educação continuada dos docentes, tendo em vista os objetivos pretendidos pelas equipes de coordenadores pedagógicos de cada um dos programas analisados.

O presente artigo registra as intenções das três equipes coordenadoras dos referidos programas e os problemas identificados em sua análise. O artigo é finalizado com algumas conclusões, chamando a atenção para a atualidade da reflexão desenvolvida, ainda no início dos anos de 1990.

Inspirações e intenções

Em condições diferenciadas de trabalho, as três equipes coordenadoras apresentaram problemas semelhantes e as mesmas convicções e intenções quanto ao processo de educação continuada dos professores.

Em São Paulo/Itaquera, as coordenações encontravam-se uma vez por mês, em reunião de 4 horas, com o coletivo dos professores. Outros encontros dependiam da disponibilidade deles. Em Diadema, os professores eram remunerados para participar de 7 horas de reuniões semanais. Em Presidente Prudente, os encontros entre coordenadores e professores aconteciam semanalmente em reuniões de 3 horas de duração.

As equipes coordenadoras, nos três programas, elaboraram suas diretrizes educacionais, fundamentalmente, sob duas inspirações: a obra de Paulo Freire e o clima político e cultural vivenciado pela sociedade brasileira dos anos de 1980.

A leitura dos textos e a recuperação das falas das equipes coordenadoras dos três programas de educação de adultos analisados permitiram a identificação de suas intenções e inspirações.

Tinham a intenção de preparar os professores para o ensino dos conteúdos escolares e, ainda, de que esses conteúdos pudessem contribuir para que o aluno realizasse uma reflexão sobre seu cotidiano, sobre sua realidade social e sobre a importância de tornar-se sujeito, criando novas relações nesse cotidiano e nessa realidade social mais ampla. Aspiravam à formação do sujeito em dois sentidos: sujeito ao apropriar-se dos conteúdos escolares, elaborando a compreensão do próprio processo de construção do conhecimento, e sujeito no sentido de cidadão que atua politicamente em seu contexto.

Com a obra de Paulo Freire como referência fundamental, as três equipes coordenadoras comprometeram-se com a ideia de que se aprende sendo sujeito e propuseram aos professores um processo de educação continuada muito diferente das capacitações desenvolvidas pelo Mobral, nas quais se tinha uma proposta padronizada com um único material didático para todo o país, a ser "aplicado" pelos professores em sala de aula, de acordo com a concepção tecnicista de que alguns pensam e elaboram o fazer pedagógico e outros o executam.

As coordenações analisadas nessa pesquisa acreditavam que o preparo dos professores deveria ocorrer em processo constante de reflexão sobre a prática. Propuseram um conjunto de ações de educação continuada com a preocupação de favorecer a participação dos professores como autores das propostas pedagógicas.

A obra de Paulo Freire inspirou as equipes coordenadoras a desejar que os professores construíssem uma formação profissional que pudesse favorecer a aprendizagem dos alunos e, também, a inserção cidadã de alunos e professores em movimentos sociais populares e lutas específicas por melhores condições de vida e trabalho. A referência freireana, aliada ao momento político e cultural dos anos de 1980, forneceu a base conceitual e ética sobre a qual os coordenadores pedagógicos dos três programas em questão ergueram seus desejos de preparar os professores no aprofundamento dos conteúdos de ensino e no sentido de lutarem por melhores condições de trabalho e de ensino.

Em São Paulo, a administração Mário Covas, apesar de este não ter sido eleito diretamente, significou a vitória de uma proposta de oposição às ditaduras e criou os canais para construção de projetos mais comprometidos com as camadas populares.

Em Diadema, a eleição de Gilson Menezes representou a estreia do Partido dos Trabalhadores no poder municipal. Nascido do movimento sindical, congregando grupos da esquerda, postulando um compromisso irrestrito com a politização e a organização da classe trabalhadora, o PT no poder municipal obrigou-se, no mínimo, a proclamar intenções de direcionar suas ações para a realização desse compromisso e a criar condições para que essas ações se efetivassem. No caso específico do setor educacional, houve, inicialmente, uma priorização de verbas para salários de coordenadores e professores, além da proposta de construção democrática dos projetos, com a participação de todos os professores. Essas condições favoreceram a autonomia da equipe para a explicitação de suas preocupações com politização e organização dos alunos e professores.

Em Presidente Prudente, a eleição de Virgílio Tiezzi, do PMDB, significou a saída dos empresários urbanos e dos grandes proprietários rurais do governo municipal. O PMDB congregava as esperanças de um novo relacionamento entre prefeitura e população, com a possibilidade de as classes populares serem ouvidas pelo poder público e da implementação de projetos voltados para o transporte coletivo, a habitação popular e a educação.

Os debates e as mobilizações em torno de questões nacionais, como a assembleia constituinte e o processo de construção descentralizada de projetos sociais, sinalizavam favoravelmente para as equipes coordenadoras de programas educacionais no sentido de construírem uma escola que significasse um espaço de reflexão sobre o cotidiano de seus alunos e sua organização para a superação das condições precárias de vida.

Os coordenadores pedagógicos dos três programas analisados revelaram-se comprometidos com os mesmos referenciais e valores, e as posturas que assumiram no cotidiano da coordenação nem sempre favoreceram suas intenções. Apresento, a seguir, os problemas por mim identificados como entraves à realização das intenções dessas equipes coordenadoras.

Entre concepções e práticas: algumas questões

Distingui três problemas centrais nos processos de educação continuada dos docentes, tendo em vista os objetivos postulados pelos coordenadores pedagógicos de favorecer a participação dos professores enquanto autores dos projetos de ensino. Tais problemas dizem respeito à relação entre teoria e prática, à *metodologia para participação* dos professores e à *compreensão das equipes coordenadoras* sobre a *relação entre a formação* política em sentido lato, *para o exercício da cidadania, e a formação de caráter pedagógico para uma intervenção junto aos alunos de tais programas.*

Os encaminhamentos propostos pelas coordenações a partir de suas inspirações e de sua compreensão sobre os três aspectos problematizados por mim impediram a construção da autonomia intelectual dos professores, de modo que a participação destes não permitiu o deslocamento da elaboração dos projetos do âmbito da coordenação para o âmbito dos professores.

Relação entre teoria e prática

Essa investigação permitiu a constatação da ausência de reflexão sistemática sobre a prática e sobre os autores citados como referência.

Considerando-se as diferentes trajetórias políticas e profissionais das pessoas que compuseram as equipes coordenadoras e docentes e, em decorrência, a possibilidade de comparecimento de diferentes interpretações sobre a educação a ser realizada, pode-se supor que o primeiro enfrentamento teórico seria o debate acerca das compreensões sobre os paradigmas eleitos, como, por exemplo, a obra de Paulo Freire. As equipes coordenadoras contentaram-se com leituras individuais, sem que a discussão dessas referências constituísse um projeto coletivo em cada um dos programas.

Em São Paulo, as coordenadoras orgulhavam-se de não precisar discutir suas concepções, já que concordavam em quase tudo, podendo tornar mais ágeis os encaminhamentos práticos. A equipe coordenadora fazia questão de não revelar divergências internas aos professores, tentando convencê-los de que havia coesão no interior da coordenação. O medo da divergência era presente e impedia o debate.

Em Diadema, os coordenadores apresentavam divergências significativas quanto a vários aspectos do processo de educação continuada. Neste artigo, destaco apenas uma delas, chamando a atenção do leitor para uma questão constante em processos de formação. Alguns coordenadores acreditavam que seria preciso detalhar minuciosamente um plano de trabalho pedagógico ou de estudos para os professores e que estes não teriam condições de propor estratégias de ensino ou mesmo de estudos para o corpo docente. Outros coordenadores acreditavam que seria preciso contemplar as propostas dos professores e construir com eles ferramentas de análise sobre a prática e sobre autores, sem detalhar planos de ação.

As discussões, porém, entre os coordenadores não se pautavam pela explicitação fundamentada das divergências, o que os impedia de evoluir para consensos ou para a compreensão dos argumentos que se contrapunham. Diante dos impasses, partia-se para regimes de votações sem o enfrentamento teórico que apontasse para a importância, inclusive, de se apresentarem diferentes tendências e propostas aos professores.

Em Presidente Prudente, também foi constatada a ausência de um processo coletivo para discussão e aprofundamento dos diferentes autores citados pela equipe coordenadora: Makarenko, Freinet, Paulo Freire, Dermeval Saviani. A equipe coordenadora e o corpo docente não viveram um processo reflexivo que permitisse a distinção das diferenças entre esses autores. Não viveram também o esforço teórico de analisar a própria prática à luz das contribuições de tais pensadores da educação.

O entendimento de que a equipe coordenadora deveria mostrar-se coesa diante dos professores, aliado à compreensão de que seria possível a construção dessa coesão a partir de um paradigma pouco refletido no âmbito das coordenações e, ainda, o imediatismo e a urgência com que se deveria responder às necessidades cotidianas dos referidos programas constituíram os grandes entraves à reflexão teórica necessária aos intentos de uma educação continuada comprometida com autonomia intelectual e participação dos professores.

Metodologia para participação dos professores

As três equipes coordenadoras analisadas revelaram não saber distinguir entre o que "dar pronto aos professores e o que construir conjuntamente com eles". Essa questão acompanhou as três equipes durante todo o período desta investigação.

Segundo Freire (1970), estaria na dialogicidade a essência de uma educação para a transformação e para a autonomia. As condições para o diálogo são, segundo esse autor que inspirava as coordenações em questão: disposição para comunicação; vivência de uma realidade em comum; reconhecimento de que existem diferentes graus de conhecimento do real; intenção da mudança; convicção de que todos podem compreender e explicar o mundo; e, finalmente, o pensamento crítico sobre o real.

Segundo indicam as práticas encontradas por esta pesquisa, a leitura construída pelos coordenadores desses três programas sobre uma metodologia de aprendizado participativo não contemplou as condições apontadas por Freire. O diálogo para a participação pautou-se por momentos em que os professores expressavam suas dúvidas e dificuldades; por momentos em que deveriam apresentar seus planos de aulas para críticas. Em nenhum momento houve a discussão de autores e concepções. Em nenhum momento houve a oportunidade de elaboração e explicitação das teorias dos professores e dos coordenadores em uma construção que contemplasse as relações entre discursos de autores e discursos analíticos das práticas empreendidas.

A própria relação mantida pelas coordenações com a reflexão teórica – descrita acima – impediu o incentivo à participação crítica e criativa dos professores, uma vez que o imediatismo característico das decisões e as constantes exigências de respostas urgentes do cotidiano dos programas impediram estratégias que pudessem contemplar os diferentes ritmos e modos de participar dos professores.

A relação entre o político e o pedagógico

A pesquisa constatou que as coordenações dos três programas alimentavam a expectativa de ver os professores e alunos participando em três espaços: na elaboração dos processos de aprendizagem, em lutas por melhores condições de ensino e, ainda, em lutas para transformação das relações sociais opressoras das classes populares.

A ênfase em uma educação para a participação de caráter mais estritamente político tem origem, de um lado, nas concepções formuladas por cada um desses coordenadores em suas trajetórias políticas e educacionais anteriores ao seu engajamento nesses programas de educação de adultos e, de outro, em uma leitura da época que acenava com apelos à organização popular em movimentos, partidos e campanhas eleitorais.

As equipes coordenadoras desses programas concordavam com a ideia de que toda educação é política, mas, sobretudo em São Paulo e Diadema, alimentaram a expectativa de realizar uma educação continuada que favorecesse, também, a inserção dos professores em movimentos políticos, sindicais ou por ensino de qualidade. Embora essa mesma expectativa estivesse presente na equipe de Presidente Prudente, não foram encontradas práticas especialmente voltadas para tal inserção. Segundo as próprias coordenadoras, isso não ocorreu muito mais por falta de vontade dos professores do que por encaminhamento proposto pela coordenação.

Em São Paulo e Diadema, dois problemas foram identificados com relação a essa expectativa. Em primeiro lugar, as coordenações permitiram e até propuseram, em algumas ocasiões, que os momentos de encontros pedagógicos fossem utilizados para discussões sindicais e análises sobre as conjunturas municipais, o que gerou uma invasão e substituição dos temas "estritamente políticos" no espaço dos temas "estritamente pedagógicos". Em segundo lugar, não propuseram a reflexão sobre educação popular e sobre o papel da escola, contemplando a polêmica teórica presente nos anos de 1980 entre autores que debatiam sobre o *locus*, os conteúdos e a metodologia adequada à educação das classes populares. Neste segundo problema, também se enquadra a equipe de Presidente Prudente.

Na verdade, os dois problemas se entrelaçam e são decorrentes um do outro, pois a ausência de reflexão sobre a função da escola e da educação realizada por esses programas de educação da adultos permitiu que diferentes espaços se confundissem e não resultassem em crescimento quanto à formação política e pedagógica dos professores.

Para finalizar

Professores e coordenadores pedagógicos dos programas de educação de adultos de Itaquera/São Paulo, Diadema e Presidente

Prudente vivenciaram a oportunidade e a iniciativa de construir uma escola inspirada em suas utopias. As equipes coordenadoras tiveram a coragem para expor a convicção de preparar professores e alunos para serem cidadãos críticos e atuantes em seus espaços profissionais, educacionais e sociais.

A pesquisa realizada, cujos resultados são registrados neste artigo, permitiu a elaboração de uma crítica às coordenações pedagógicas.

Essa crítica considera, essencialmente, a importância de planejar e viabilizar a oportunidade para que professores:
- analisem teorias de ensino e de educação;
- elaborem suas próprias teorias de ensino e educação;
- avaliem e replanejem suas práticas;
- vivam a experiência da divergência, da diferença entre concepções e situem seus modos de ver a escola, os alunos e a profissão.

A metodologia adequada para aproximar professores das teorias necessárias à compreensão de sua prática e as estratégias que favoreçam a reflexão crítica – e teórica – sobre a ação docente ainda constituem desafios para os coordenadores pedagógicos. Daí a atualidade das questões analisadas nessa dissertação do início dos anos de 1990. E a justificativa deste artigo em uma publicação no início desta nova década.

Referência bibliográfica

CHRISTOV, L. H. S. (1992). *Fazer e aprender no trabalho o trabalho de todo dia.* PUC-SP, Dissertação de mestrado.

Reuniões pedagógicas: espaço de encontro entre coordenadores e professores ou exigência burocrática?

Suzana Rodrigues Torres
PRISMA - Centro de Estudos do Colégio Santa Maria
e-mail: srtorres@colsantamaria.com.br

No bojo das discussões sobre formação de professores, as reuniões pedagógicas vêm sendo apontadas como espaço privilegiado nas ações partilhadas do coordenador pedagógico com os professores, nas quais ambos se debruçam sobre as questões que emergem da prática, refletindo sobre elas, buscando-lhes novas respostas e novos saberes, ao mesmo tempo.

Entretanto, criticadas e desacreditadas, as reuniões pedagógicas, na prática, vêm mostrando grandes distanciamentos entre o desejado e o real.

Frequentemente, essas críticas não são expressas com clareza. Geralmente ocorrem de forma difusa nos encontros casuais dos professores nos corredores, nos intervalos, no cafezinho, deixando de ser contribuições efetivas para que saltos qualitativos se efetivem.

Dessa forma, as reuniões pedagógicas, de "palco de negociações"[1], acabam por se configurar em "palco de encenações", cumprindo, muitas vezes, um papel meramente formal.

---

1. Oliveira (1993) utiliza a terminologia "palco de negociações" ao designar aspectos dinâmicos e transformadores das inter-relações significativas.

Desvelar representações dos professores em relação às reuniões pedagógicas foi um dos aspectos objetivados em pesquisa (Torres, 1994) realizada junto a eles, procurando captar elementos que favoreçam professores e coordenadores a revitalizar o diálogo e as ações no sentido de ampliar as possibilidades contidas no trabalho que envolve esses educadores.

Questionando e entrevistando professores

Pela forma hierarquizada com que as escolas se organizam, muitas vezes o coordenador pedagógico/educacional não dispõe de referências claras dos professores em relação às atividades que lhes são encaminhadas. Dessa forma, optamos por dar-lhes voz, perscrutando suas impressões e representações, por meio de questionários formulados a esses profissionais da escola pública e particular e sessões de entrevistas coletivas.

A ação dos coordenadores não pode acontecer sem a intermediação de situações concretas, em que possa ser expressa e percebida. Esse coordenador que vem sendo discutido – e temos acreditado como viável e integrador —, que está envolvido na construção do projeto pedagógico e assume o currículo como espaço de atuação, necessária e principalmente, tem o professor em parceria, sendo mediador entre este e um projeto pedagógico mais amplo.

Na elaboração de instrumentos de pesquisa (questionários e entrevistas), privilegiamos as atividades partilhadas entre coordenadores e professores como unidades de análise, a partir de como são percebidas, em termos de significado, pelos docentes. Como Oliveira (1993) aponta, "a ação individual em si é insuficiente como unidade de análise: sem inclusão num sistema coletivo de atividade, a ação individual fica destituída de significado" (p. 98).

Aqui, neste espaço, optamos por apresentar os dados referentes às reuniões pedagógicas, pela incidência dessa ação no espaço escolar, pela riqueza desse espaço na construção de projetos pedagógicos em que o coletivo é dimensionado.

O que dizem os professores sobre as reuniões pedagógicas?

Pelas respostas obtidas, reitera-se que as reuniões pedagógicas ocupam um espaço de destaque no cenário das relações, não só por sua ocorrência, mas também por sua sistematização e seu tempo de duração. E, em geral, o coordenador pedagógico é o profissional mais frequentemente citado como o responsável pela condução dessa atividade. As reuniões encaminhadas pelo coordenador revelam maior sistematização: semanalmente e com duração de duas a três horas, em sua maioria. Revelam, com isso, maior possibilidade de que esses encontros sejam reuniões efetivas para a discussão das questões pedagógicas/educacionais, numa dimensão processual, pelo menos no que se refere à sua frequência e à sua duração.

Se, de um lado, esses encontros indicam temas vinculados a questões pedagógicas, como disciplina, avaliação, planejamento, metodologia e problemas de aprendizagem, por outro agrupam-se assuntos do dia a dia ou institucionais. Essas reuniões podem ser vistas como um espaço possível para a reflexão dos professores, mas também como um momento em que se aproveita o encontro dos profissionais para se dar avisos, distribuir materiais, informar diretrizes da empresa, discutir problemas de caráter geral, ou mesmo do prédio da escola, como goteiras e salas sem janela, de acordo com as falas dos professores, sendo que muitas dessas questões poderiam ser tratadas por meio de outras comunicações, como memorandos ou reuniões específicas.

A própria designação "reuniões pedagógicas" parece não indicar correspondência com seus objetivos, concorrendo o pedagógico com o administrativo e com as demandas do dia a dia, em um mesmo conjunto, o que pode contribuir para sua descaracterização ou mesmo redução. Não se pode diminuir a importância das discussões de temas vinculados ao administrativo, ou mesmo as emergências do cotidiano, uma vez que fazem parte e se inserem como elementos de um projeto pedagógico mais amplo; mas faz-se necessário reposicionar e resgatar os objetivos das reuniões; qualquer discussão deveria voltar-se para a reflexão sobre a ação de maneira ampla, não comportando reuniões comumente divididas em três partes: o início, com avisos gerais; num segundo momento, discussão sobre os problemas e dificuldades do dia a dia; e, finalmente, análise das questões pedagógicas. São, portanto, compartimentalizadas e marcadas pela ausência de uma visão dialética desses temas, como se um não estivesse vinculado ao outro e pudessem ser rigidamente separados.

Chama-nos também a atenção a incidência do uso de palavras como *problemas* ou *dificuldades*, para compor e acompanhar os temas mencionados. Encontramos inúmeras falas nessa direção, como "dificuldades para a realização da interdisciplinaridade", "problemas e dificuldades dos alunos", "problemas com pais de alunos", "dificuldades diárias com a aprendizagem", "problemas com o prédio da escola", "problemas do dia a dia", entre outras.

Essa grande incidência nos sugere maior destaque ao problema, ao desvio e aos empecilhos. A ênfase indica que as problemáticas são os embriões geradores dos temas. Em vez de falas que situem reflexões sobre a interdisciplinaridade, pontua-se a "dificuldade de sua implantação"; substituem-se projetos que visem à integração dos pais aos encaminhamentos pedagógicos por "problemas com pais de alunos"; não se pontuam discussões conjuntas sobre as dinâmicas do cotidiano, mas os "problemas do dia a dia", por exemplo.

Que tipo de interação é possível derivar entre o coordenador e os professores? Com maior probabilidade, poderíamos ver que, à medida que as temáticas das reuniões têm origem nos problemas e dificuldades, as interações ocorreriam no sentido de resolvê-los, marcando interações funcionais.

Demailly (1992: 144-145), ao discutir modelos de formação de professores, indica, entre outros, a "forma interativa reflexiva", que abrange iniciativas ligadas à resolução de problemas reais, como sendo uma das concepções de formação contínua dos professores. Na forma interativa-reflexiva, o coordenador seria visto como um técnico de apoio dos professores, em que os saberes fossem produzidos em cooperação e devessem ajudar a resolver problemas práticos. Tratar-se-ia de uma aprendizagem em situação, que ocorre: *"(...) com dissociação espaciotemporal dos movimentos de ação e dos momentos de constituição de novas competências, acompanhada de uma atividade reflexiva e teórica, sustentada por uma ajuda externa"* (p. 145).

De certa maneira, os dados parecem apontar para essa forma interativa-reflexiva, na medida em que sugerem que o encontro dos docentes com o coordenador esteja sendo mobilizado por questões que emergem dos problemas, necessidades e dificuldades da prática. No entanto, a forma interativa-reflexiva pressupõe a construção de saberes, como aponta Sacristán (1991): "a prática transmite a teoria que fundamenta os pressupostos da ação" (p. 82). Portanto, envolveria uma dinâmica que, por exemplo, pontuasse os problemas encontrados na ação, refletisse coletivamente sobre essas questões, e que saberes fossem produzidos, realimentando a prática. Mas, partindo dessa perspectiva, não encontramos, nas respostas dos professores, indícios de que as discussões dos problemas e dificuldades, ocorridas nas reuniões, estejam levando a construções coletivas de saberes; ao contrário, as problemáticas são discutidas com vistas à busca de soluções mais ou menos imediatas e mais apoiadas no senso comum do que a partir de reflexões sistematizadas. Apenas em alguns questionários pode-se inferir que essa dinâmica vem ocorrendo de maneira completa, gerando projetos e buscas de compreensão das dificuldades e dos problemas.

Entretanto, é necessário nos remeter ao fato de que, comumente, os coordenadores pedagógicos apontam que as expectativas em relação ao seu desempenho, a falta de tempo, as inúmeras demandas do cotidiano e mesmo a falta de clareza em relação ao seu papel acabam por contribuir para que suas preocupações centrem-se mais na modificação urgente de situações, na rápida resolução de problemas e na prestação imediata de serviços. Nesse aspecto, Lück (1982) aponta a necessidade de haver ações planejadas, para que o coordenador/orientador possa superar uma "linha de ação remedial", acrescentando que:

"Como, via de regra, não há informação correta e clara a respeito do real papel do Orientador Educacional, resultam expectativas totalmente inadequadas que vinculam o seu trabalho apenas à solução de problemas de natureza imediatista, principalmente os de sentido disciplinar, e que escapam ao escopo da ação planejada" (p. 23).

Portanto, as expectativas sobre o coordenador/orientador devem ser confrontadas e ouvidas, entre outras coisas, para que ações significativas possam ter espaço para a construção de projetos coletivos.

As interações entre os professores e a equipe técnica, retratadas nas reuniões, revelam, em sua maioria, ser caracterizadas por divisões hierárquicas bem marcadas: as reuniões são muito centradas na figura de quem as conduz, com estrutura rígida de organização, havendo distinções claras entre o momento de ouvir e o de falar, marcando maior incidência de participações restritas dos professores, embora muitos identifiquem serem eles mesmos os que indicam e propõem os temas a serem tratados.

Os professores revelam expectativas em relação às reuniões, ao avaliar aquelas das quais participam. Essas avaliações permitem ver que eles buscam, nessa atividade, um espaço de interações pessoais e cognitivas; que as discussões surjam como fruto das questões do dia a dia, mas que nelas se supere o cotidiano; que estas reuniões sejam organizadas, preparadas previamente e contem com o envolvimento efetivo do coordenador da reunião. Essas expectativas, que concordamos serem significativas, não identificam o papel dos docentes, mas colocam o coordenador no foco das avaliações. O papel dos professores marca-se, nesse momento, pela passividade, como quem recebe a ação que outro desempenha. O resultado da reunião se mostrará mais em função da habilidade de quem a conduz do que da participação efetiva de todos. Caracterizam-se bem o papel e o contrapapel: o professor, cada vez mais expropriado de seu saber, delega ao coordenador o papel do especialista.

Da mesma maneira que as reuniões são vistas como um instrumento limitado, também recebem considerações de que se tornem um espaço fundamental, seja porque oportunizam o encontro entre os professores, seja porque discutem questões tidas como essenciais para a atividade dos docentes.

A ênfase nesses enfoques situa-se principalmente na qualidade das relações: garantia de espaço para que todos se coloquem, ou seja, uma troca que caracterize os contatos e clima de cooperação. As interações dos saberes também são evidenciadas como fundamentais. Nesse espaço interpessoal e cognitivo, os professores identificam e legitimam a autoridade do coordenador, percebendo-o como um mediador entre as ações da sala de aula, o projeto pedagógico mais amplo e as relações com os demais professores.

As falas dos professores, como as descritas abaixo, indicam dificuldades ainda a serem superadas para que as reuniões pedagógicas possam cumprir um papel significativo.

"A leitura de textos praticamente não existe e, quando ocorre, é com o maior descaso por parte do grupo."

"Em geral, não se chega a conclusão alguma e todos continuam com suas próprias ideias e métodos."

"Poderiam ser mais abrangentes e, ao mesmo tempo, menos desgastantes."

"Parece-me que são inúteis, cumprem apenas um papel formal."

"Na maioria das vezes, a reunião só cumpre um caráter formal e obrigatório. O professor não se dispõe a rever ou questionar sua prática educativa."

"Sofrível."

"São mal-organizadas e, na maioria das vezes, a discussão dos assuntos não leva a nada."

Longe de pretender que os pontos aqui levantados sejam totalizantes, espera-se que possam ampliar as relações dialogais entre professores e coordenadores, fazendo da reunião pedagógica um espaçoefetivo para a formação contínua dos educadores, em que ambos, professores e coordenadores, assumam esse rico espaço de formação.

Referências bibliográficas

CAVACO, Maria Helena (1991). Ofício de professor, o tempo e as mudanças. In: NÓVOA (org.). *Profissão professor*. Porto, Porto Ed.

DEMAILLY, Lise Chantraine (1992). Modelos de formação contínua e estratégiasde mudança. In: NÓVOA (org.). *Professores e sua formação*. Lisboa, Dom Quixote.

LÜCK, Heloisa (1982). *Planejamento em Orientação Educacional*. Petrópolis, Vozes.

OLIVEIRA, Marta Kohl de Vygotsky (1993). *Aprendizado e desenvolvimento, um processo sócio-histórico*. São Paulo, Scipione.

SACRISTÁN, J. Gimeno (1992). Consciência e ação sobre a prática como libertação profissional dos professores. In: NÓVOA (org.). *Professores e sua formação*. Lisboa, Dom Quixote.

TORRES, Suzana R. (1994). *Ouvir/falar: um exercício necessário na interação de docentes e não docentes*. Dissertação de mestrado, PUC-SP.

A voz dos outros e a nossa voz
ALGUNS FATORES QUE INTERVÊM NA ATUAÇÃO DO COORDENADOR

Nilba Clementi
Consultora Pedagógica
e-mail: nilbafc@hotmail.com

*Durante muito tempo imaginei a obra sob uma série de diálogos,
em que todas as vozes do tempo se fizessem ouvir.
Contudo, por mais que tentasse, o detalhe sobrepujava o conjunto;
as partes comprometiam o equilíbrio do todo;
a voz de Adriano perdia-se por todos aqueles gritos.
Não conseguia organizar o mundo visto
e ouvido por um homem.*
(Marguerite Yourcenar,
referindo-se à sua obra *Memórias de Adriano*)

O trabalho do coordenador pedagógico, nas últimas décadas, tem-se guiado por diferentes tendências, ora mais românticas, ora mais técnicas.

Atualmente, os estudos sobre formação de professores estão influenciando a concepção do trabalho do coordenador. Alguns autores (Schön, 1992; Nóvoa, 1992; Placco, 1994; Torres, 1994) defendem a proposta de que coordenadores e professores devem ser parceiros na organização de projetos, estudos e busca de soluções para as dificuldades do cotidiano. Juntos, devem refletir sobre o que privilegiar em determinada atividade, como promover maiores reflexões entre os alunos, que metodologias são mais adequadas nesta ou naquela situação, ou como os alunos estão se relacionando com as informações que adquirem na escola. Cabe ao coordenador fazer a interlocução com os professores, ajudando-os a amadurecer suas intuições e superar as contradições entre o que pensam, planejam e as respostas que recebem dos alunos. Ferreiro (1993: 49) diz que

> "Os processos de capacitação mais rápidos, profundos e bem-sucedidos parecem ser aqueles em que alguém acompanha o professor em serviço. Esse alguém pode ser qualquer pessoa que consiga transformar-se em interlocutor. Ver o que aconteceu em uma hora de aula sob outro ponto de vista, discutir sobre o que se disse ou o que não se disse, sobre o que se fez ou o que não se fez, pôr em discussão o que se pretende e os meios utilizados, refletir sobre os pressupostos implícitos, compartilhar dúvidas e certezas, tudo isso ajuda mais o professor a pensar do que várias horas de aula convencional".

Acreditar nesse papel do coordenador como interlocutor não soluciona, contudo, as contradições e os conflitos enfrentados todo dia no espaço escolar. São solicitadas inúmeras tarefas – de ordem burocrática, organizacional, disciplinar – que dificultam sua dedicação a um trabalho de formação dos professores e o fazem cair em certa frustração pelo "mundo de vozes" que ouve, que vê e que subentende, mas não consegue administrar.

Além disso, de forma geral, existem nas escolas – particular e pública – vários agentes, como os pais, a comunidade, outros funcionários, que participam das rotinas, propostas, dos conteúdos e métodos e acabam por interferir na atuação do coordenador. Tanto os aspectos relacionados às tarefas como aos agentes que participam da escola e da ação do coordenador, na prática, acabam se misturando, sobrepondo-se e não contribuindo para um enfrentamento adequado por parte dos profissionais.

Como profissional atuante nessa área e pesquisadora de minha própria profissão, não resisti ao fato de identificar mais claramente alguns fatores que intervêm na atuação do coordenador e poder enfrentá-los. Identificar essas "vozes" que se misturam no dia a dia e distingui-las significa entender que, embora sejam muitas as realidades construídas, em contextos educacionais diversos, é possível reconhecer o que interfere na atuação profissional do coordenador e, assim, redimensionar essa questão, partindo para uma reflexão sobre as possibilidades dessa profissão, sobre as implicações das solicitações feitas, das teorias defendidas e das ações realizadas.

Em pesquisa realizada (Clementi, 1997), em reflexões com coordenadores e em conversas informais com outros educadores, foi possível identificar alguns fatores de ordem pessoal, profissional, estrutural e organizacional que intervêm na atuação do coordenador. As considerações que se seguem tratam de alguns desses fatores e pretendem abrir um espaço de interlocução, de socialização de vivências e identificação de dificuldades na intenção de que cada um possa, a partir daí, considerando sua realidade, reorganizar experiências individuais e coletivas.

Uma proposta, algumas atuações e muitas implicações

Em meu contato[1] com coordenadores, percebo que muitos se propõem atuar segundo os estudos sobre a formação dos professores. Falam sobre suas preocupações com o acompanhamento do projeto pedagógico, com a elaboração dos conteúdos e metodologias de ensino-aprendizagem e com as reflexões e os estudos com professores. Porém, quando aprofundo o olhar sobre as ações desses profissionais, constato que essa mesma proposta gera, na prática, atuações diferenciadas e se apresenta, em termos de procedimentos, atitudes e/ou valores, ora contraditória, ora convergente.

Quando o coordenador assume que sua função é acompanhar o projeto pedagógico, formar os professores, partilhar suas ações, também é importante que compreenda as reais relações decorrentes dessa posição. Do contrário, uma vez realizada tal prática, ela corre o risco de se tornar limitada e limitante.

---

1. Os contatos com coordenadores aqui apresentados como fonte são aqueles que decorreram do trabalho de pesquisa para dissertação de mestrado e dos contatos formais e informais que temos com outros coordenadores e educadores de forma geral.

Limitada porque, não compreendendo as dimensões de sua ação, julga necessário "ensinar ao professor o seu fazer", entendendo esse fazer somente como um conjunto de conhecimentos técnicos. Desse modo, sua atuação torna-se predominantemente técnica, desconsiderando-se as propostas reflexivas, os envolvimentos pessoais, as possibilidades intuitivas que englobam seu trabalho.

Limitante na medida em que, ao valorizar somente o aspecto técnico, desconsidera a autoria e o engajamento de ambos – coordenador e professor – no projeto pedagógico escolar, além de um comprometimento social e político mais amplo dos educadores que atuam na escola. Aliás, esse aspecto merece uma análise um pouco mais aprofundada.

Alguns coordenadores, no que se refere ao acompanhamento do projeto pedagógico, de forma geral não têm claro para si que tal projeto não é apenas uma responsabilidade de *alguns* dentro da escola. Não levam em conta que também cabe a eles estimular e criar situações para que se realizem debates amplos e definições sobre a estrutura da escola, seu funcionamento e suas relações com a sociedade. Além disso, não citam, entre suas responsabilidades na formação dos professores, a sensibilização para a importância da construção de um projeto comum aos indivíduos que circulam e/ou atuam no espaço escolar, que oriente atividades, valores, atitudes, procedimentos, organização funcional e relacionamentos interpessoais, envolvendo colaboração, comprometimento e diálogo.

Assim sendo, têm ficado em segundo plano as necessidades da sociedade atual, que reivindica uma escola pluridimensional, capaz de assumir de forma "explícita e intencional as funções socializadora e personalizadora, tal como faziam em relação à instrucional" (Carvalho e Diogo, 1994:54), e que considere em seu ensino não apenas "(...) fatos, conceitos, conhecimentos e técnicas (o saber), mas também procedimentos, capacidades e destrezas (o saber-fazer), valores, atitudes e normas (saber-ser e saber-estar)".

Essa visão ampla e diversificada da função de um coordenador não se identifica com a de alguns profissionais. A falta de clareza do que significa ser um formador de professores, a falta de conhecimento do que seja a construção e a vivência do projeto pedagógico são fatores que intervêm em sua atuação.

Formação na ação: desalojar práticas e estruturas instaladas

A formação na ação acontece quando professores e coordenadores atuam como parceiros, agindo conjuntamente nas decisões correspondentes às necessidades identificadas por eles próprios ou pela escola com relação aos processos de ensino e aprendizagem (Rodrigues e Esteves, 1993). Isso significa dizer que, sob essa perspectiva, o processo de formação está vinculado à prática, à sua observação e à sua avaliação. É a partir delas, e para responder a suas demandas, que coordenadores e professores discutem, analisam e planejam. Trata-se, ainda, de um processo que envolve reflexões centradas "na ação, sobre-a-ação e sobre-a-reflexão-na-ação" (Schön, 1992).

Muitos coordenadores, reconhecendo a importância de discutir com o professor suas ações com os alunos, julgam necessário conhecer como ocorrem, nas salas de aula, as relações de ensino e aprendizagem, principalmente no que se refere ao modo como o professor encaminha a interação da criança como conhecimento. A prática de assistir às aulas permite ao coordenador o reconhecimento das mudanças pelas quais passam ou não o professor e o aluno. Estar em sala de aula, observando seu cotidiano, parece ser uma de suas atividades fundamentais.

No entanto, essa não é uma tarefa fácil. O tempo de que o coordenador dispõe para isso nem sempre é respeitado. Muitas vezes, ele é solicitado para atuar em outras frentes, tendo de limitar ou mesmo cancelar sua ida à sala de aula. A organização da instituição em relação aos problemas e exigências diárias, bem como a própria organização do coordenador, é fator que interfere em sua ação em relação à observação das aulas. Interfere também, como consequência, nas análises, reflexões e projeções que fará com os professores.

Além disso, a qualidade da relação que se estabelece entre o professor e o coordenador também é um fator interveniente na ação do coordenador. Inicialmente, quando o professor não está acostumado com o coordenador em sua sala, sente-se inseguro, constrangido e ameaçado. Afinal, este último não é apenas aquele com quem dialoga e troca experiências. Ele é, também, hierarquicamente "superior" na estrutura administrativa da escola e tem o poder de decidir o destino profissional do docente e de avaliar sua competência. No entanto, nesse momento, não é esse o seu papel. Considerando que o objetivo de o coordenador estar na sala de aula é contribuir para as reflexões que fará com os professores, é importante que ele tenha feito acordos prévios, delimitado critérios para essa observação e que estes tenham significado para o professor. Assim, num momento posterior ao da aula, ambos poderão discutir objetivamente sobre o que foi feito, aprofundando e relacionando teorias estudadas com práticas atuais e futuras.

Refletir sobre-a-ação (Schön, 1992) é justamente rever com o professor seus procedimentos, analisar se as respostas dadas aos alunos foram as melhores e pensar em como intervir de maneira mais eficiente para que o aluno aprenda. Muitas vezes, os professores não se dão conta de que existe um descompasso entre o que pensam e o que fazem. Ao discutir com o coordenador e o grupo de professores sobre sua prática, estes podem perceber que existe um "choque educacional" nesse sentido (Schön, 1992), pois "atuam segundo teorias de ação diferentes daquelas que professam" (p. 90).

É nesse descompasso que grandes descobertas podem ocorrer. Ao professor, é permitido admirar-se, indagar, não saber responder, ter de procurar. É papel do coordenador organizar momentos para que isso aconteça. No entanto, a dificuldade do coordenador em ouvir o professor falar sem fazer um juízo prévio é mais um fator que intervém em sua ação. Muitas vezes, por estar envolto nos mesmos afazeres de todos os dias, não se permite olhar para esse professor de forma diferente e admirar-se com suas possíveis formas de pensar.

É importante que se questione: – Será que o coordenador já experimentou deixar falar o professor e ouvi-lo, destituído de qualquer preconceito?

Conversar com o professor "é um trabalho que dá muito trabalho!". Isto porque o coordenador tem de desalojar práticas instaladas e se propor dar espaço para o professor falar sobre suas percepções. O processo de formação não antecede à prática pedagógica, e não basta o professor fazer algumas reuniões para descobrir seus limites e contradições. O processo de mudança é contínuo, uma vez que, ao olhar para a própria prática, descobrem-se novas possibilidades, não imaginadas anteriormente.

"A formação não se faz antes da mudança, faz-se durante, produz-se nesse esforço de inovação e de procura dos melhores percursos para a transformação da escola. É esta perspectiva ecológica de mudança interativa dos professores e dos contextos que dá um novo sentido às práticas de formação de professores centradas nas escolas" (Nóvoa, 1992: 28).

Vícios, julgamento e *status*

De acordo com o que observei, posso dizer que alguns vícios acumulados em anos pelos coordenadores também são fatores intervenientes em seu fazer: vícios relacionados a posturas mais técnicas, mais românticas, protecionistas, autoritárias, enfim, vícios que são frutos de teorias ou tendências, reais ou distorcidas, que foram incutidos nos profissionais.

Um exemplo frequente é a questão da autoridade. Alguns coordenadores, entre os que pesquisei e com os quais tenho contato, ao falar sobre os professores mostram-se rigorosos. Agem como juízes, avaliando o que o professor sabe, o que não sabe, em que precisa melhorar, avaliando seu trabalho por critérios de organização da sala e resultados finais, desconsiderando o processo, o conteúdo e a intencionalidade do que foi desenvolvido. Agem de maneira descrente e determinista, esquecendo-se de que a autoridade (não o autoritarismo) é conquistada pela competência, pela construção diária que se estabelece nas relações de parceria, e não pela imposição.

Muitas vezes, ao observar a atuação de certos coordenadores, percebo que os vícios do autoritarismo acabam por sobrepujar as reflexões feitas por diversos autores sobre a necessidade de um trabalho de cumplicidade e parceria, e que considere as etapas de crescimento de todos os envolvidos no processo educativo. Isso é fator que influencia a ação do coordenador, o qual acaba por não considerar a forma de pensar e agir do professor como um ponto de partida, como um indicativo de suas necessidades de formação.

O trabalho do coordenador com os professores, envolvendo reflexões, deveria fazer com que a *ideia de autoria* – fazer, errar, rever, mudar e decidir – fosse uma constante na vida escolar. A experiência tem indicado que, muitas vezes, os coordenadores se prendem a analisar as atitudes do professor com seus alunos, considerando padrões de referência formais e não valorizando atitudes diferentes das que pregam. De maneira geral, as pessoas demostram ter tendência à fixação, à não mutação, como se isso garantisse um conhecimento inabalável e inquestionável. No entanto, é importante ressaltar que, além do professor, o próprio coordenador precisa ter a mente aberta, no sentido de conquistar, de acordo com Garcia (1992: 62): "(...) uma ausência de preconceitos, de parcialidades, e de qualquer hábito que limite a mente e a impeça de considerar novos problemas e de assumir novas ideias".

A disposição do professor em desalojar hábitos de ensino e procurar um aspecto de criatividade em sua profissão (Perrenoud, 1993) é algo para ser despertado durante a formação continuada. É desafio ao formador (e neste caso, ao coordenador) mobilizar os professores e a si mesmo para que tenham, além da mentalidade aberta, também a responsabilidade e o entusiasmo em seus momentos de reflexão (Garcia, 1992).

Segundo Garcia (1992: 63), atitude de responsabilidade significa considerar as consequências das escolhas feitas em termos do que foi ensinado e como foi ensinado. Uma atitude de entusiasmo é descrita como: "(...) a predisposição para afrontar a atividade com curiosidade, energia, capacidade de renovação e lutar contra a rotina".

Essa prática dos coordenadores de julgar os professores gera inseguranças, que se tornam enraizadas e difíceis de ser revertidas. Nas escolas particulares, o poder de avaliar o professor parece ser maior, pelo fato de o coordenador poder interferir em seu destino profissional. E depara com os receios dos professores, o que tem acarretado uma barreira a ser quebrada pelo coordenador que quer desenvolver um trabalho em parceria. Nas escolas públicas, por não poder ser demitido, o professor é marginalizado e o coordenador "desiste" de investir em sua formação. Por outro lado, também constatamos que o coordenador, embora hierarquicamente superior ao professor, tem receio de ser desafiado em seu *status* e se acomoda, preferindo não deixar o professor se desenvolver, e, consequentemente, também deixa de exigir mais de si próprio. Cair no comodismo ou no autoritarismo é fator que intervém em suas atuações.

Facilidades e dificuldades da função do coordenador: o que se quer, o que se faz e o que é possível fazer

São disponibilizadas aos coordenadores certas condições estruturais e organizacionais de trabalho que nem sempre favorecem o desenvolvimento de sua função da forma como a concebem. De forma geral, "reclamam" sobre a falta de tempo, o *stress* e a ansiedade decorrentes do desejo de fazer tudo o que precisaria ser feito.

O dia a dia do coordenador exige que ele administre seu tempo para cumprir inúmeras tarefas. Tem de formar o professor e, para isso, planejar reuniões; atualizar-se e planejar etapas para atualizar os professores e pensar em procedimentos específicos e nas necessidades de seu grupo. A formação exige dele, por sua vez, um olhar para o que está sendo realizado em sala de aula; organizar reuniões de reflexões sobre a prática de cada professor; promover discussões grupais; e trocar informações e ideias.

O coordenador necessita, também, levar em conta o aluno. É preciso encaminhar alguns para especialistas, conversar com os pais; retomar os encaminhamentos; falar com os profissionais; retornar aos pais; e retornar ao professor.

Ainda precisa cumprir uma série de atividades burocráticas em relação à organização do trabalho: preenchimento de fichas de dados dos alunos; fichas das entrevistas; relatórios; organização dos protocolos de observação das salas de aula; organização de cartas aos professores e registros das reuniões com eles.

Considerando uma dimensão maior de seu trabalho, ainda participa de reuniões com a equipe não docente da escola (outros coordenadores, diretores, funcionários); participa dos projetos coletivos elaborados nesses momentos; lida com questões organizacionais e burocráticas (organizar e participar de seleção de alunos, preencher papéis solicitados pela Secretaria de Educação, entre outros), além de ter de investir em seu próprio aprimoramento profissional, a que não é normalmente incentivado, e estar atualizado com relação às políticas educacionais vigentes.

Assim, é comum aos coordenadores a vivência de uma insatisfação ao comparar o que gostariam com o que conseguem fazer. Os desejos de atuação não condizem com o que a escola pensa e possibilita sobre isso. Desvinculados, profissional e instituição acabam por travar uma verdadeira guerra diária, que geralmente termina em descontentamento, *stress* e frustração de ambas as partes.

Constata-se, assim, que a contradição interna de certas estruturas escolares é um fator que intervém na atuação do coordenador, já que incentiva a construção de práticas isoladas, não contribuindo para a criação de uma cultura de intercâmbio – de experiências, de saberes, de teorias – entre os educadores de uma mesma escola e de escolas diferentes.

É claro, também, que não basta determinar estruturalmente horários para que professores e coordenadores se encontrem. A qualidade desses encontros caracteriza-se como fundamental para a reflexão e a revisão das práticas. Muitos coordenadores falam sobre o excesso de atividades que lhes são atribuídas, motivo pelo qual convivem com o *stress* e a correria constante. A dúvida é se essa correria é real, fruto do meio escolar, que é dinâmico e apresenta desafios constantes, ou se é uma desculpa para não parar e refletir sobre seu próprio fazer.

Ao considerar como um fator de intervenção na atuação do coordenador a necessidade de uma estrutura e de uma organização que minimamente lhe propiciem condições reais de trabalho, podemos ainda supor que a falta de formação adequada para exercer esse cargo pode fazer que sua atuação não traga os resultados esperados. A questão não é somente a existência ou não de uma estrutura, mas como o coordenador a utiliza e qual a qualidade do trabalho que tem realizado.

A falta de um projeto que comprometa os profissionais revela o que os estudos teóricos apontam: a escola reflete o descaso de muitos profissionais, fruto de uma história de formação deficitária, com pouco ou quase nenhum reconhecimento profissional; às vezes, também sem autonomia ou conhecimento de suas próprias necessidades de formação. Agrava-se isso pelo fato de que muitas estruturas de ensino nem sempre legitimam o papel do coordenador, garantindo-lhe espaço e *status* dentro da escola. A experiência tem demonstrado que a diferença de tratamento dada pelas instituições a essas questões tem influenciado a qualidade do trabalho educacional.

Quem forma o formador?

A falta que um trabalho de formação faz para o coordenador também é fator que interfere em sua prática. Cada vez mais fica explicitada a necessidade de os profissionais se aprofundarem e estudarem para desenvolver um trabalho consciente e responsável. Constata-se, no entanto, que a formação continuada deles está dependendo muito mais de uma mobilização pessoal do que de um investimento por parte das escolas. No caso da rede pública, o coordenador assume seu cargo mediante concurso, sendo que, na rede estadual, ele não precisa necessariamente ser pedagogo. Na rede particular, normalmente esse cargo é assumido devido à competência do profissional, avaliada de acordo com critérios de cada escola, e não está necessariamente relacionado à existência do diploma específico. Isso revela que a formação inicial do coordenador (talvez por sua precariedade) não influi na escolha do profissional feita pelas escolas. Uma vez que se observou que a formação continuada também não faz parte das preocupações das instituições, a quem cabe a responsabilidade de formação do formador?

"A qualidade irregular da supervisão do *praticum* e a falta de preparação formal, quer dos coordenadores universitários, quer dos coordenadores das escolas" (Zeichner, 1992: 119), têm contribuído para que não melhore a qualidade da formação dos profissionais que atuam na escola, docentes ou não.

Certamente, o coordenador tem muito a dizer sobre suas necessidades, desde que lhe seja dado espaço para isso. A questão da legitimação de seu papel passa também por um processo de profissionalização, entendido como a ruptura de uma postura formal e formalizada, para uma postura de investigação e descobertas. As estruturas administrativas (estaduais, municipais ou particulares) poderiam contribuir para a rediscussão dessa questão. No entanto, a mudança de administração dos governos, bem como os interesses das escolas particulares, acaba nem sempre colaborando para a existência de um espaço de formação do profissional coordenador. Com a recente proposta de reformulação do curso de Pedagogia, pode-se pensar numa possibilidade de melhora no que se refere à formação inicial. Pode ser um começo.

Na verdade, não existem modelos de estrutura ou de atuação ideais, mas há possibilidade de busca, de escolha que envolva as crenças e os ritmos pessoais de cada coordenador e das instituições em que trabalham. Redimensionar seus objetivos em função dessas características poderia trazer satisfação aos profissionais, além de possibilitar maiores momentos de reflexão e menores momentos decorreria e emergências. No entanto, se os coordenadores apenas se detêm na queixa ou na constatação das dificuldades encontradas, fica estabelecida a distância entre o que cada um quer e o que cada um consegue fazer; e essa distância não se altera, bem como também não se alteram os sentimentos e insatisfações dela decorrentes.

Muitos coordenadores manifestam iniciativas pessoais de aprofundamento teórico, de envolvimento com suas práticas nas escolas, preocupação diante dos problemas com os quais deparam e, ainda assim, mesmo demonstrando empenho e envolvimento, muitas vezes assumem uma atitude de conformismo diante das insatisfações que sentem, em vez de tentar revertê-las.

Reconhecer, em seus espaços e relações, aspectos facilitadores do trabalho é importante para que o coordenador não se deixe levar por descrédito e desânimo em relação à estrutura escolar em que se encontra, aos educadores com quem convive, a si próprio enquanto educador engajado na própria formação e na de seus professores.

Muitas vozes e muitos fatores

Entre muitas vozes e muitos fatores, abarquei apenas alguns. Poderíamos citar ainda as características pessoais necessárias a esse profissional, como as qualidades de liderança, organização, dinamismo, além do saber técnico especializado e um comprometimento social e político.

Lidar com as expectativas dos pais e alunos também é fator de intervenção na atuação profissional do coordenador. Só esse fator justificaria um texto à parte sobre todas as expectativas, comunicações diretas e indiretas, competências e equívocos que o envolvem. Poderia analisar ainda muitos outros, mas optei por me deter numa última reflexão. Ao analisar os fatos aqui explicitados, relacionando dificuldades, conflitos e mudanças que se fazem necessárias, pode pairar a dúvida: será que esse coordenador é necessário?

Em minha concepção, a presença do coordenador, enquanto formador de professores, é fundamental – formador entendido como um dos educadores que participam do projeto pedagógico da escola e está engajado em movimentos de reflexão, internos e externos às instituições em que atua.

Indubitavelmente, o mundo de hoje solicita uma escola voltada para a formação mais ampla dos alunos, que considere as diferenças e os diferentes, que não esteja presa a conteúdos formais, mas aberta a um trabalho mais amplo das capacidades dos alunos. Para isso, torna-se necessário um coordenador consciente das mudanças de seu papel, da importância de sua atualização e do desenvolvimento de um trabalho em parceria com o professor, com a escola e com a sociedade.

A responsabilidade da pedagogia que está sendo desenvolvida na escola é também responsabilidade do coordenador que, objetivamente, junto com os professores, a transforma em prática. A falta de formação adequada desse profissional, a falta de respaldo por parte de instituições particulares e públicas e a desmotivação fazem que não se realizem momentos de reflexão fundamentais aos educadores para a vivência dessa escola que a sociedade exige.

A valorização da presença do coordenador na escola passa pela necessidade de reconhecê-lo como um educador em formação, uma vez que o processo educativo é dinâmico e necessita constantemente de debates amplos sobre seu fazer, para que possa, junto com seus pares, desenvolver novas reflexões sobre a área.

Por outro lado, cabe ao próprio coordenador, também, (re) valorizar sua função, vendo-se como um profissional que tem um compromisso político com a instituição e com a sociedade e não pode se isentar, acomodando-se diante das dificuldades impostas pelos sistemas. Mas isso só será possível se, em sua formação específica, inicial ou continuada, ele puder desenvolver a consciência de sua função, para que, tendo clareza dela, valorize-a e saiba quando e como intervir.

Referências bibliográficas

CARVALHO, Angelina, e DIOGO, Fernando (1994). *Projecto educativo*. Lisboa, Edições Afrontamento, (Coleção Polígono).

CLEMENTI, Nilba (1997). *A atuação do orientador: fatores intervenientes*. Dissertação de Mestrado. PUC-SP.

FERREIRO, Emília (1993). *Com todas as letras*. 2ª ed., São Paulo, Cortez.

GARCÍA, Carlos Marcelo (1992). A formação de professores: novas perspectivas baseadas na investigação sobre o pensamento do professor. In: NÓVOA (org.). *Os professores e sua formação*. Lisboa, Dom Quixote, pp. 53-76.

NÓVOA, António (1992). Formação de professores e profissão docente. In: NÓVOA (org.). *Os professores e sua formação*. Lisboa, Dom Quixote, pp.15-33.

NÓVOA, António (org.) (1991). *Profissão professor*. Portugal, Porto Editora.

PERRENOUD, Philippe (1993). *Práticas pedagógicas, profissão docente e formação: perspectivas sociológicas*. Lisboa, Dom Quixote.

PLACCO, Vera Maria N. S. (1994). *Formação e prática do educador e do orientador*. Campinas, Papirus.

RODRIGUES, Ângela, ESTEVES, Manuela (1993). *A análise de necessidades na formação de professores*. Portugal, Porto Editora.

SCHÖN, Donald A. (1992). Formar professores reflexivos. In: NÓVOA (org.). *Os professores e sua formação*. Lisboa, Dom Quixote, pp. 79-91.

TORRES, Suzana Rodrigues (1994). *Ouvir/falar: um exercício necessário na interação de docentes e não docentes*. Dissertação de mestrado. PUC-SP.

ZEICHNER, Kenneth M. (1993). *A formação reflexiva de professores: ideias e práticas*. Lisboa, EDUCA.

O relacionamento interpessoal na coordenação pedagógica

Laurinda Ramalho de Almeida
PEPG Educação: Psicologia da Educação e Educação:
Formação de Formadores - PUC-SP. e-mail: laurinda@pucsp.br

Fim de século, começo de milênio. Época propícia para reminiscências e reflexões. Com esse espírito, começo o artigo passando a limpo minha vida profissional, relembrando o processo de tornar-me professora, orientadora educacional e pedagógica, pesquisadora e, recentemente, orientadora de dissertações e teses. Percebo que esse processo teve início com minha experiência de aluna, nos vários níveis de escolaridade.

Tive a sorte de ter bons professores e mestres. Chamo de professores aqueles que me ensinaram conteúdos e de mestres os que ajudaram a me constituir como pessoa. Lembrando Gusdorf,

> "é difícil precisar quando e como o mestre torna-se um mestre... A força do mestre é uma responsabilidade assumida. Primeiramente, responsabilidade para com os outros, pois o mestre descobre que ele tem responsabilidade de alma. Vivia até então confiando nos outros; agora, são os outros que devem confiar nele" (Gusdorf, 1995: 85).

Os mestres que me marcaram foram os que ensinaram o prazer do aprender. Em minha retrospectiva, revi rostos de queridos mestres que me fizeram vibrar ao perceber que meu conhecimento podia se ampliar e que eu podia penetrar em outros mundos; que me deram chaves para a entrada nesses novos universos. Esses mestres, apesar das muitas diferenças em seu modo de encarar a vida e em seus métodos de ensino, tinham algumas características que os aproximavam. A principal: eles me levaram a sério, como criança, como jovem, como adulta. Viveram nossa relação professor-aluno com gravidade e profundidade. E como fizeram isso? Confiando em minha capacidade de aprender, de explorar e compreender a mim mesma. Enfim, foram pessoas que me viram como uma pessoa separada das demais, que me ouviram, que se comunicaram plenamente comigo.

Meus mestres me propiciaram uma relação pessoa-a-pessoa construída na base da compreensão e do respeito e me ensinaram que a relação interpessoal é um instrumento a serviço do acesso à cultura; foi essa lição que levei para minha vida profissional.

Ao lembrar as várias instituições nas quais desenvolvi minhas atividades profissionais, minhas memórias mais vívidas são das pessoas com quem compartilhei ajuda e compreensão nos momentos mais decisivos; no início da carreira (no meu caso, nos vários inícios, porque minha carreira no magistério teve vários segmentos), na hora de tomada de decisões que afetariam a mim e aos outros, na hora de enfrentar tarefas para as quais não me sentia preparada. São ainda vívidos os momentos de trocas intensas de alegria pelos achados e conquistas. Também aí estavam colegas que me viram como pessoa, que confiaram em minha capacidade de discernir e resolver problemas, que me ouviram, que me viram.

Nesse momento das reminiscências, minhas reflexões me trazem dois autores, Perrenoud e Tardif.

Perrenoud, autor suíço, diz-nos que o ensino é uma profissão relacional, que é o professor, com suas palavras, seus gestos, seu corpo, seu espírito, que dá sentido, luz ou sombras às informações que quer fazer chegar aos alunos.

"Será preciso acrescentar que as profissões relacionais complexas, além de competências, mobilizam fundamentalmente a pessoa que intervém; é o principal 'instrumento de trabalho'. É com o seu espírito, mas também os sentimentos, o corpo, as entranhas, as palavras e os gestos que tenta dar sentido aos conhecimentos e influenciá-los" (Perrenoud, 1993: 180).

Tardif (2000), pesquisador canadense, faz uma apresentação de resultados de pesquisa sobre o trabalho docente, com a finalidade de caracterizar os saberes profissionais dos professores, e chega às seguintes conclusões:

Os saberes profissionais dos professores são temporais

E são temporais em três sentidos: 1) boa parte do que os professores sabem sobre o ensino e como ensinar e sobre o papel que desempenham provém de sua própria história de vida e particularmente de sua história de vida escolar; 2) os primeiros anos de prática profissional são decisivos na aquisição do sentimento de competência e no estabelecimento de rotinas de trabalho; 3) os saberes profissionais se desenvolvem no âmbito da carreira, na qual se dão a socialização profissional e a consequente aprendizagem do viver em uma escola.

Os saberes profissionais dos professores são plurais e heterogêneos

Também nesse grupo, as pesquisas apontam três direções: 1) os saberes provêm de diversas fontes; da cultura pessoal, decorrente da história de vida; de conhecimentos universitários; de conhecimentos adquiridos na formação continuada; do próprio saber ligado à experiência de trabalho, no contato com outros professores; 2) os saberes são ecléticos e sincréticos, isto é, um professor raramente tem uma teoria ou uma concepção unitária de sua prática, mas utiliza muitas teorias e práticas conforme sua necessidade; 3) os professores em sua ação procuram atingir diferentes tipos de objetivos, cuja realização exige diferentes tipos de conhecimento, de aptidão e de competência.

Os saberes profissionais dos professores são personalizados e situados
Personalizados porque os saberes são constitutivos da pessoa do professor, dela não se dissociando, e porque os professores, em sua atuação, contam consigo mesmos, com seus recursos e capacidades pessoais, com sua própria experiência e a de sua categoria. Situados porque construídos e utilizados em função de uma situação de trabalho particular. E porque os professores lidam com pessoas, seu saber profissional comporta um forte componente ético e emocional.

Então, se o ensino é uma *profissão relacional* (Perrenoud) e se boa parte dos saberes dos professores é construída na relação com o outro (Tardif), o coordenador pedagógico precisa conhecer e valorizar a trama das relações interpessoais nas quais ele, coordenador, e seus professores interagem. E, ao lidar com professores que trabalham com seres humanos usando a si próprios como instrumento de trabalho, precisa desenvolver com esses professores uma relação calorosa autêntica, relação que lhes permita desenvolver-se como pessoas que vão se relacionar com pessoas.

Minha experiência como aluna e como profissional e o resultado das pesquisas apontam para uma direção: o coordenador pedagógico precisa desenvolver nele mesmo, e nos professores, determinadas habilidades, atitudes, sentimentos que são o sustentáculo da atuação relacional: olhar, ouvir, falar, prezar[1].

1. Olhar

Da minha aldeia vejo quanto da terra se pode ver no Universo...
Por isso a minha aldeia é tão grande como outra terra qualquer.
Porque eu sou do tamanho do que vejo
E não do tamanho da minha altura..."
(Fernando Pessoa)

Bosi (2000) faz uma *fenomenologia do olhar* ao longo dos tempos. Começa argumentando que os gregos e os romanos helenizados pensaram em duas dimensões para o olhar: o olhar receptivo

---

1. Retomo aqui alguns pontos discutidos em outro artigo: A dimensão relacional no processo de formação docente, in Bruno, Almeida e Christov (orgs.), *O coordenador pedagógico e a formação docente*, São Paulo, Loyola, 2000.

e o olhar ativo. Ou seja "há um ver-por-ver, sem ato intencional do olhar, e há um ver como resultado obtido a partir de um olhar ativo" (2000, p. 66). Bosi fala também da educação pelo olhar e aí cita Simone Weil como a filósofa da atenção, enumerando os pontos em que ela se detém ao analisar a atenção: 1) a perseverança: "a atenção deve enfrentar e vencer a angústia da pressa... Só na medida em que o olho se detém e permanece junto ao objeto, ele pode descobrir os seus múltiplos perfis (aspectos, visadas) e, ao longo do mesmo processo, recuperar a sua unidade em um nível mais complexo de percepção"; 2) o despojamento: "a atenção é uma escolha... tudo sacrifica para ver e saber"; 3) o trabalho: "a atenção é um olhar que age"; 4) a contradição: "o olhar atento se exerce no tempo: colhe, por isso, as mudanças que sofrem homens e coisas... Só a visão diacrônica revela o processo, tantas vezes conflituoso, que formou a aparência" (2000: 84 e 85).

Por que me detive nesses dois momentos da análise de Bosi? Porque nos falam de um *olhar ativo*, de um *prestar atenção*. Na tarefa de coordenação pedagógica, de formação, é muito importante *prestar atenção* no outro, em seus saberes, dificuldades, angústias, em seu momento, enfim. Um olhar atento, sem pressa, que acolha as mudanças, as semelhanças e as diferenças; um olhar que capte antes de agir.

Mas é importante atentar para o seguinte: nosso olhar sempre tem uma perspectiva – o ponto de vista com que olhamos. Esse ponto de vista, ou essa abordagem, são nossos objetivos, pressupostos, tendências, crenças teóricas, critérios – enfim, o ponto de vista em relação ao homem e ao mundo que carregamos e que temos conosco, naquele momento. É preciso ter clareza disso.

Há outra questão a considerar: a amplitude do olhar. Ou seja, há um olhar imediato de curto alcance, um olhar que nos faz chegar às pessoas e aos problemas do cotidiano. Mas há outro olhar, mais amplo, que nos faz projetar o futuro, o que desejamos construir a médio e a longo prazos. É também um olhar necessário na coordenação pedagógica.

2. Ouvir

> *Contar seguido, alinhavado, só mesmo sendo as coisas de rasa importância.*
> (João Guimarães Rosa)

Rogers (1983) fala de duas experiências com as quais muito aprendeu sobre relações interpessoais:

1) a alegria em conseguir realmente *ouvir* alguém:

"Quando digo que gosto de ouvir alguém estou me referindo evidentemente a uma escuta profunda. Quero dizer que ouço as palavras, os pensamentos, a tonalidade dos sentimentos, o significado pessoal, até mesmo o significado que subjaz às intenções conscientes do interlocutor" (1983: 5);

2) a alegria em ser ouvido:

"Várias vezes em minha vida me senti explodindo diante de problemas insolúveis ou andando em círculos atormentadamente, ou ainda, em certos períodos, subjugado por sentimentos de desvalorização e desespero. Acho que tive mais sorte que a maioria por ter encontrado, nesses momentos, pessoas que foram capazes de me ouvir e assim resgatar-me do caos de meus sentimentos. Pessoas que foram capazes de perceber o significado do que eu dizia um pouco além do que eu era capaz de dizer. Estas pessoas me ouviram sem julgar, diagnosticar, apreciar, avaliar. Apenas me ouviram, esclareceram-me em todos os níveis em que eu me comunicava..." (1983: 7 e 8)

Gordon (1974) retomou o constructo de *escuta profunda* de Rogers na situação educacional. Embora sua proposta se refira ao relacionamento professor-aluno, acredito que ela se presta, perfeitamente, aos relacionamentos da coordenação pedagógica, no momento de formação de professores.

Gordon argumenta que o fator que faz maior diferença entre o ensino que funciona e o que falha é o grau da capacidade do professor em estabelecer um tipo particular de relacionamento com os alunos. Para ele uma aprendizagem significativa, que faz sentido para o aluno, não depende da simples apresentação do conteúdo, mas sim da apresentação que leva em consideração certas características. Essas características, que são de ordem atitudinal, podem ser expressas por meio de duas habilidades: 1) ouvir ativo; 2) mensagem na primeira pessoa.

"O ouvir ativo consiste em o professor colocar-se no lugar do aluno, através da apreensão atenta dos seus sentimentos contidos na sua verbalização, e assim ajudá-lo a se esclarecer sobre seus próprios sentimentos e compreender melhor os problemas que estão interferindo na aprendizagem. O ouvir é ativo porque sempre pressupõe uma resposta da parte do professor; nessa resposta sempre deve aparecer um termo que traduza o sentimento que o professor está percebendo e que muitas vezes não está claro para o aluno" (Mahoney e Gatti, 1984: 32).

A mensagem na primeira pessoa consiste em o professor expor verbalmente ao aluno a situação que está criando problema, seus efeitos e os sentimentos provocados nele por algum comportamento do aluno que está interferindo em seu ensino. Três componentes devem aparecer na mensagem: 1) descrição da situação perturbadora; 2) efeitos concretos e reais sobre o desempenho do professor, 3 sentimentos provocados. Exemplo: "Quando você fala muito, os colegas se distraem e eu fico nervosa porque perdemos tempo".

Acredito que a tentativa de um *ouvir ativo* e de uma fala consequente tornará mais confortável o relacionamento do coordenador pedagógico com seus professores.

3. Falar

Lutar com palavras
é a luta mais vã.
Entanto lutamos
mal rompe a manhã.
São muitas, eu pouco.
Algumas, tão fortes
como o javali.
(Carlos Drummond de Andrade)

O diálogo de Macabéa e Olímpico apresentado por Clarice Lispector (1993) elucida como as palavras têm vários sentidos:

"— Olhe, Macabéa...
— Olhe o quê?
— Não meu Deus, não é olhe de ver, é olhe como quando se quer que uma pessoa escute! Está me escutando?"

Uma parte significativa das trocas em formação passa pelo texto ou pela comunicação oral. Daí a importância de focalizar esse aspecto. O professor tem muita expectativa em relação à fala do coordenador pedagógico porque sabe que essa fala tanto pode ajudar, tranquilizar, dar segurança, oferecer pistas, como mostrar ameaça e causar tensão. A fala pode ser organizadora, sistematizadora do pensamento do professor ou bloqueadora; ela tanto pode destruir como fortalecer um relacionamento interpessoal.

Um primeiro cuidado: o coordenador pedagógico precisa considerar que o professor pode não ter o mesmo referencial seu; tem de partir do ponto do outro, de seus conhecimentos; é necessário encontrar as *ideias-âncora* que ele domina; lembrar que, se a fala muito acadêmica distancia, a fala muito popular pode desvalorizar o conteúdo.

Um segundo cuidado: conhecer os códigos do grupo de professores e reconhecer que tanto a aceitação como a resistência a propostas e ideias são fortalecidas pelos códigos. Lembrar que os grupos de professores têm uma história comum na instituição, participaram de momentos importantes juntos, aliaram-se para enfrentar problemas ou encontrar soluções, o que lhes confere diferentes códigos de comunicação.

E um cuidado fundamental: é na atuação que a fala é reconhecida, ou seja, a atuação legitima a fala. Discutiu-se anteriormente o *olhar* e o *ouvir*. Tanto o *olhar atento* como o *ouvir ativo* são pré-requisitos para uma fala que seja significativa para o professor. Observando e ouvindo o professor em sua atuação, é possível diagnosticar suas necessidades, sentir suas angústias e oferecer a ele a ajuda de que precisa naquele momento, o que pode ser feito por indicação de ações e de leituras, intermediação na troca de experiências, encaminhamentos diversos. Ou seja, é essencial que a fala do coordenador pedagógico carregue um conteúdo de reconhecimento e conhecimento – reconhecimento do ponto de vista do professor, de seus problemas, lacunas, recursos, mas também de conhecimento, de oferta de subsídios para atuação. Se a relação pedagógica é a relação professor–aluno–conhecimento, a relação do coordenador pedagógico com o professor também é pedagógica, porque é mediada pelo conteúdo da formação.

É importante considerar ainda a fala do coordenador em relação às vozes de corredores e salas de professores, ou seja, os momentos de reuniões informais que os professores fazem para troca de experiências pedagógicas, principalmente com professores mais experientes, nos corredores e nas salas de professores, antes do início das aulas e nos intervalos. São momentos de interação muito ricos, e muitas vezes as reuniões maiores (por exemplo, os horários de trabalho pedagógico coletivo – HTPC) perdem o colorido das reuniões espontâneas de professores. O coordenador pedagógico precisa estar atento a esse aspecto e retomar as preocupações das reuniões dos corredores e das salas de professores para reuniões de formação mais sistematizadas. Pesquisas em escolas francesas e espanholas revelaram que as reuniões de corredor eram espaços privilegiados pelos professores para trocar informações sobre o comportamento dos alunos e sobre as interações entre eles e as crianças, porém esses professores não consideravam pedagógicos esses temas nem atribuíam às *reuniões de corredor* papel importante em seu trabalho (Bronfman e Martinez, apud Carvalho, 1999).

4. Ver, ouvir, falar, compreender, prezar

Mire veja: o mais importante e bonito do mundo
é isto: que as pessoas não estão sempre iguais, ainda
não foram terminadas – mas que elas vão sempre
mudando. Afinam ou desafinam. Verdade maior.
É o que a vida me ensinou. Isso me alegra, montão.
(João Guimarães Rosa)

Rogers (1999) descreve, de modo claro, que toda relação interpessoal pode ser facilitadora de crescimento, desde que apresente certas características: empatia, consideração e autenticidade, e que elas sejam comunicadas ao outro. Afirma que as mudanças ocorrem não só na pessoa que se pretende ajudar, mas também na que propõe ajuda. Uma abordagem centrada na pessoa (no professor, no aluno, no funcionário – enfim, no outro com quem me relaciono) só será efetiva se eu acreditar que esse outro merece consideração positiva e confiança – se ele percebe que eu me comunico com ele, pela fala ou pelo corpo, que eu o vejo, que eu o ouço, que eu o prezo como pessoa, independentemente de suas condições existenciais, intelectuais, sociais, psicológicas. Nos escritos mais recentes de Rogers, ele atribui à autenticidade ou à congruência do facilitador um peso muito significativo entre as condições que ajudam no crescimento. O que é a autenticidade? É a integração entre o pensar, o sentir e o agir, quando o facilitador se permite ser ele mesmo, sem máscaras ou fachadas.

Mas a empatia, o colocar-se no lugar do outro, é também recurso fundamental para levar ao crescimento. Ser capaz de tomar o lugar de referência do outro, sem no entanto esquecer que é do outro, é condição imprescindível a uma relação interpessoal promotora de crescimento. Por outro lado, o esforço para a autenticidade e a empatia não será concretizado se eu não tiver consideração pelo outro, se eu não o prezar como pessoa que é. Essas três condições rogerianas, a autenticidade, a empatia, a consideração, têm como instrumentos o olhar, a escuta, a fala.

Minha experiência pessoal no trato com grupos e pessoas em situação de ensino e formação tem mostrado que as condições rogerianas rendem dividendos[2].

No segundo semestre de 2000, em um grupo de formação de professores (alunos de pós-graduação), procurei apresentar uma postura de facilitadora, preocupando-me com o olhar, ouvir, falar, compreender, prezar.

---

2. Uma observação: como as professoras de Tardif, meus saberes são ecléticos; incorporei diferentes teorias de ensino, de aprendizagem e de desenvolvimento que utilizo conforme as necessidades do coletivo. E, quando essas necessidades são da ordem do relacionamento com pessoas, a psicologia humanista e, principalmente, a teoria das relações interpessoais de Rogers têm ajudado muito.

Algumas das avaliações que recebi:

- Ganhei um olhar sobre o meu fazer, o meu refletir. Ganhei também a vontade de ler mais sobre formação de professores (professora universitária).
- A relação que você estabelece favorece um aprendizado com prazer e compromisso com a educação (diretora de escola 1).
- Para mim, o aspecto mais desafiador é a linguagem e o modo de dizer as coisas ao outro, mas estou aprendendo (professora de matemática 1).
- A professora me mostrou quanto podemos crescer como pessoas... Sua forma de conduzir o grupo foi muito legal(professor universitário).
- Ganhei humildade, ganhei novos relacionamentos, ganhei oportunidade de refletir... por me sentir valorizada pessoal e profissionalmente (educadora infantil).
- Sinceramente, este curso me emocionou diversas vezes. Na realidade, fiz uma autoanálise (professora de matemática 2).
- Ganhei novas formas de ver o profissional através da pessoa e vice-versa. Pude perceber de forma mais concreta a necessidade de dar passos pequenos almejando objetivos maiores, sem angustiar-me por não ver o fim do caminho. Entendi a necessidade de investir no cotidiano junto com o outro de forma mais consistente. Acredito que consegui desenvolver um novo olhar sobre as coisas que me afligem, que se apresentam em nossas tarefas diárias, a projetá-las a partir do momento, contextualizando-as e verificando possibilidades futuras. Acho que aprendi um pouco de multiplicidade (diretora de escola 2).

Creio que essas falas retratam bem o quanto as pessoas, em diferentes contextos, principalmente no contexto de formação, querem ser consideradas, vistas, ouvidas, querem receber uma comunicação autêntica; enfim, o quanto elas desejam ser percebidas como pessoas no relacionamento, e o quanto esse tipo de relacionamento traz como ganhos.

Concluindo...

Ao retomar minhas vivências como aluna e como profissional, um ponto se destacou: a qualidade das relações interpessoais que mantive com meus mestres e pares.

Tenho hoje a firme convicção de que uma boa relação interpessoal é nutritiva porque ajuda a nos constituir como pessoa, e que faz parte da competência da escola (diretores, coordenadores pedagógicos, orientadores educacionais, professores) saber lidar com as questões interpessoais.

Tenho também clareza que uma política de relações interpessoais confortáveis na escola ajuda alunos e profissionais a permanecer nela, mas há necessidade de políticas sociais mais amplas que sustentem essa permanência.

No caso específico do coordenador pedagógico, o trato satisfatório com os relacionamentos interpessoais é condição *sine qua non* para o desempenho de suas atividades, dado que sua função primeira é a de articular o grupo de professores para elaborar o projeto político pedagógico da escola. Levar os professores a definir objetivos comuns e a persegui-los em conjunto é tarefa que não será atingida se não houver a constituição de um grupo coeso, embora a coesão seja um processo lento e difícil. Na verdade, relações interpessoais confortáveis são recursos que o coordenador usa para que os objetivos do projeto sejam alcançados.

Outro ponto que minha experiência tem demonstrado é que as habilidades de relacionamento interpessoal – o olhar atento, o ouvir ativo, o falar autêntico – podem ser desenvolvidas, e que nesse exercício o profissional vai fazendo uma revisão de suas concepções de escola, de professor e de aluno.

Essas concepções necessitam ser continuamente pensadas se a escola realmente deseja formar cidadãos críticos. E cidadania tem tudo a ver com relações entre pessoas. Como diz Milton Santos (1998), "ser cidadão é viver valorando as relações interpessoais, as relações com a comunidade, os problemas nacionais".

Referências bibliográficas

ALMEIDA, Laurinda R. (2000). A dimensão relacional no processo de formação docente. In: BRUNO, E., ALMEIDA, L., CHRISTOV, L. (orgs.). *O coordenador pedagógico e a formação docente*. São Paulo, Loyola.
ANDRADE, Carlos Drummond de (1985). O lutador. In: *Seleta em prosa e verso*. Rio de Janeiro, Record.
BOSI, Alfredo. Fenomenologia do olhar (1988). In: NOVAES, Adauto et al. *O olhar*. São Paulo, Companhia das Letras.
CARVALHO, Marilia P. (1999). Ensino, uma atividade relacional. *Revista Brasileira de Educação*. Maio/Agosto , n. 11.
GORDON, Thomas (1974). TET – *Teacher Effectiveness Trainning*. New York, Peter H. Wyden/Publister.
GUIMARÃES ROSA, João (1984). *Grande Sertão: Veredas*. Rio de Janeiro, Editora Nova Fronteira.
GUSDORF, Georges (1995). *Professores para quê?: para uma pedagogia da pedagogia*. São Paulo, Martins Fontes.
LISPECTOR, Clarice (1993). *A hora da estrela*. Rio de Janeiro, Francisco Alves.
MAHONEY, Abigail, e GATTI, Bernardete. (1984). Aperfeiçoamento de habilidades de interação e mudança de atitudes. *Psicologia da educação*, PUC-SP, Dezembro, n. 4.
PERRENOUD, Philippe. (1993). *Práticas pedagógicas, profissão docente e formação*. Lisboa, Publicações Dom Quixote.
PESSOA, Fernando (1992). *Obra poética*. Rio de Janeiro, Editora Nova Aguilar.
ROGERS, Carl (1983). *Um jeito de ser*. São Paulo, EPU.
_____ (1999). *Tornar-se pessoa*. São Paulo, Martins Fontes.
SANTOS, Milton (1998). Conexão. In: Roberto D'Ávila. TV Cultura, Entrevista.
TARDIF, Maurice (2000). Saberes profissionais dos professores e conhecimentos universitários: elementos para uma epistemologia da prática profissional dos professores e suas consequências em relação à formação para o magistério. *Revista brasileira de Educação*. Janeiro/Abril, n. 13.

Tornar-se professora coordenadora pedagógica na escola pública

Eliane Bambini Gorgueira Bruno
Instituto de Artes - UNESP - (falecida)

O trabalho do professor coordenador pedagógico é bastante desafiador, especialmente na tarefa de contribuir com a formação contínua dos professores. Apresento, neste artigo, algumas constatações extraídas de minha pesquisa para o mestrado e que julgo relevantes para esses coordenadores (Bruno, 1998).

Meu problema de pesquisa consistiu em analisar o processo de formação continuada de uma professora coordenadora pedagógica da rede estadual de São Paulo. O processo proposto para análise objetivou desenvolver habilidades e atitudes que possibilitassem à coordenadora desempenhar, por sua vez, uma ação formadora com seu grupo de professores.

Acompanhei durante três semestres o trabalho da coordenadora, e por meio de registros sistemáticos, construídos a partir das observações dos encontros da coordenadora com as professoras e, ainda, a partir de leituras e discussões, fomos, eu e ela, sistematizando a reflexão sobre a formação vivenciada pela coordenadora com as professoras e a partir de nossos encontros.

Procurei integrar metodologia de formação e metodologia de pesquisa por meio de um processo de aprendizagem conjunta fundamentado em Michel Thiollent e Donald Schön. Os dois autores reúnem pressupostos para a pesquisa e para a formação com os quais concordo, pois minha finalidade não foi outra que vivenciar um processo de formação e investigá-lo para construir uma prática aperfeiçoada.

É claro que, mesmo pretendendo a aprendizagem conjunta, eu teria um papel e um compromisso diferenciados. Eu deveria assumir os cuidados de quem planeja a formação. Assim, comecei o trabalho levantando as expectativas da coordenadora pedagógica. Esse procedimento baseia-se num princípio que constitui uma de minhas mais valorizadas convicções como profissional em educação: o de partir sempre de um diálogo com os educandos. O primeiro movimento do diálogo com educandos é o ouvir para construirmos o saber a respeito do universo conceitual e cultural da pessoa, ou das pessoas com quem desejamos dialogar no processo de ensino-aprendizagem (Freire, 1980).

A coordenadora tinha como expectativa que eu a ajudasse na formação dos professores, com sugestões para leituras e orientações gerais sobre estratégias para coordenação. Partindo do relato do que ela vinha fazendo nos horários de trabalho pedagógico coletivos – HTPCs –, fomos percebendo que sua necessidade não era exclusivamente a de receber orientação quanto à bibliografia ou quanto a uma ou outra estratégia isolada para reuniões. Percebi que sua necessidade era a de repensar sua prática como coordenadora, desde suas atribuições, sua rotina até seu trabalho nos HTPCs e a construção do projeto coletivo da escola.

Percebi a importância de elaborar um plano de formação a partir das expectativas da coordenadora. Dei início, também, a um levantamento bibliográfico sobre formação e realizei levantamento de dados sobre a escola.

Elaborei um plano de formação para ser implementado junto à coordenadora que contava com:

1. encontros sistemáticos de três horas semanais destinados à reflexão sobre a sua prática;

2. minha participação nos HTPCs como observadora para estudar a relação entre os projetos individuais e coletivos na construção da proposta pedagógica.

Iniciamos os encontros conversando sobre o dia a dia da coordenadora na escola e suas atribuições. Ela entendia que a formação dos professores era sua principal atribuição, mas não tinha clareza sobre qual caminho seguir.

Relatou suas diferentes tentativas para o desenvolvimento de reuniões com os professores, como trabalho com textos, para o qual selecionava, resumia e refletia com as professoras. Orientou a elaboração de planos de aula, para um bimestre, tentando aprofundar a proposta da Coordenadoria de Estudos e Normas Pedagógicas. Esse trabalho despertou, em algumas professoras, o gosto para fazer planos, mesmo sem aplicá-los, pois, ao entrar em contato com os quarenta alunos por sala, acabavam por apoiar-se no que já conheciam.

Ao tentar trabalhar diferentes aspectos, a coordenadora desistia quando percebia pouco envolvimento do grupo ou ausência de resultados imediatos. Havia uma preocupação da coordenadora em corresponder aos ânimos do grupo.

Propus a ela que, ao final de cada dia de trabalho, fizesse o registro de tudo o que havia feito, para avaliarmos. Sugeri também que anotasse, após os nossos encontros, o que havia sido significativo para ela.

Por meio de seus registros, pude ter maior contato com o trabalho diário da coordenadora. A elaboração dos registros constituiu um conteúdo de nossas reflexões.

Considerando que o registro escrito amplia a memória, organizando as etapas da experiência, e por isso revelando movimentos, partimos para o desafio de criar espaços em nosso cotidiano para escrever sobre os acontecimentos, as dúvidas e as descobertas.

Além de ter sido útil para que eu obtivesse informações sobre as experiências da coordenação, o registro também foi fundamental para o exercício intelectual reflexivo, por meio de classificações, análises, sínteses. Escrever sobre a experiência ajuda a organizar o próprio pensamento e a própria experiência (Weffort, 1992).

Nossas reflexões partiam sempre dos relatos escritos sobre a semana. Com isso, percebemos que a reflexão era enriquecida e ganhava continuidade. Combinamos que nesses registros deveriam constar também as questões que ela sentisse necessidade de discutir.

A partir dos relatos da coordenadora e de seu trabalho com o grupo, foram surgindo os temas que necessitavam ser aprofundados. Iniciamos por apresentar, uma à outra, nossas concepções a respeito dos temas abaixo e sugeri a leitura de autores sobre eles.

Os temas tratados foram: formação de professores; relações em grupo; função da escola; relação entre teoria e prática; planejamento; disciplina; conhecimento e conteúdo; avaliação e princípios metodológicos.

Nesse momento, registrou-se e explicitou-se o que cada uma pensava sobre os temas. Isso foi interessante para construirmos uma linguagem comum. Estávamos cientes de que a explicitação de nossas convicções e o aprofundamento delas, com as leituras, não eram suficientes para a garantia de que nossa prática seria coerente com essas concepções. Daí a importância de uma constante reflexão sobre a prática para construção dessa coerência. As mudanças de concepções ocorrem em processo que contempla idas e vindas, críticas a determinadas posturas e preservação de outras, mantendo-se algumas práticas tradicionais e criando-se novas, sem a adoção imediata e simultânea de concepção e prática transformadas.

Durante esse processo de estudos, a coordenadora manifestou receio de estabelecer uma relação de dependência comigo. Julgo de grande interesse a análise dessa manifestação, pois ela toca um dos fundamentos da relação entre formador e formandos: a construção da autonomia intelectual.

Em primeiro lugar, penso que faz parte dos momentos iniciais do processo de formação essa dependência que se estabelece com relação ao orientador. Quero dizer que esse sentimento inicial de dependência não é estranho ao processo, mesmo porque é o momento em que começa a ocorrer uma identificação e, se o formando avalia que está aprendendo, há uma admiração pelo formador que é perfeitamente cabível. O que não pode ocorrer é a permanência nessa dependência, pois isso bloquearia a construção da autonomia intelectual que está em formação.

Em Silva (1996: 58), encontramos referências ao sentido etimológico do termo "autonomia": "autônomo é o sujeito capaz de propor e conduzir-se por normas sugeridas ou aceitas livremente por ele próprio".

Para esse autor, a autonomia ocorre como fruto da ação de um sujeito concreto, e um "sujeito só é concreto e pode vir a ser quando é capaz de esperar, desejar e propor objetivos" (Silva, 1996:58).

Considero esse argumento real em termos da autonomia e também mais uma ideia que reforça a importância de trabalhar a partir das expectativas da coordenadora, como já defendi. Assim como é importante que se parta do interesse do formando para ampliar a compreensão sobre esse interesse e o próprio conjunto de interesses, deve-se reconhecer que a autonomia é construída no processo de formação, no interior das relações e não isoladamente. Portanto, falar de autonomia é tentar compreendê-la no contexto das relações nas quais ela se dá.

Como formadora, minha tarefa consistiu em estar atenta à autonomia da coordenadora, procurando evidenciar e estimular suas descobertas. Refletimos que o fato de poder contar com alguém ou um grupo para trocas de ideias e avaliações é uma coisa pela qual precisamos lutar para ter sempre, sem que isso implique necessariamente dependência e negação da autonomia intelectual.

"O outro nos diz a respeito de nós mesmos – é na relação com ele que temos oportunidade de saber de nós mesmos de uma forma diversa daquela que nos é apresentada apenas pelo viés de nosso olhar" (Rios, 1993: 15).

Sintetizando

Recapitulando o trabalho que desenvolvi com a professora coordenadora pedagógica, alguns princípios se tornaram evidentes para mim:
- o levantamento das expectativas da formanda;
- a elaboração de um plano de trabalho a partir das expectativas;
- a necessidade de pensar a prática da formanda e da formadora;
- o registro de todos os acontecimentos: o que se aprendeu e o que precisa ser aprendido;

- a tematização da experiência para discussão conjunta;
- a promoção da autonomia intelectual;
- a coerência entre a metodologia utilizada pela formadora junto ao professor e a metodologia que se pretende ver utilizada pelo professor junto aos alunos.

Todos esses princípios partem de um pressuposto: a consciência de que toda prática educacional se insere em um contexto sociocultural gerador de subjetividades e construído por complexas relações entre os homens.

Esses princípios se mostraram adequados a uma proposta de formação, tanto é que as professoras passaram a valorizar os momentos de reflexão propostos pela coordenadora como verdadeiros espaços de formação, e a coordenadora passou a assumir com mais segurança sua função essencial, ou seja, a de orientar o processo de educação continuada das professoras.

Para finalizar, é importante ressaltar que o processo formadora-formanda pautado por esses princípios possibilitou também o aprimoramento das habilidades da formadora. Ao término desse processo, aprendi sobre minhas condições de formadora e sobre minhas condições no papel de quem investiga a própria prática. Superei a condição de quem já havia elaborado um discurso sobre a importância de essas duas práticas andarem juntas para vivenciar a realidade dessa interação.

Referências bibliográficas

BRUNO, Eliane B. G. (1998). *Tornar-se professora coordenadora pedagógica na escola pública: análise de um processo de formação contínua.* PUC-SP, Dissertação de mestrado.

FREIRE, Paulo (1980). *Pedagogia do oprimido.* Rio de Janeiro, Paz e terra.

RIOS, Teresinha Azevedo (1993). Autonomia como projeto-horizonte ético-político. *Série Ideias, 16.* São Paulo, FDE.

SCHÖN, D. A. (1995). Formar professores como profissionais reflexivos. In: NÓVOA (org.). *Os professores e a sua formação.* Lisboa, Porto Editora.

SILVA, Jair Militão da (1996). *Autonomia da Escola Pública.* Campinas, Papirus.

THIOLLENT, Michel (1986). *Metodologia da pesquisa – ação.* São Paulo, Cortez Editora e Autores Associados.

WEFFORT, Madalena Freire (1995). Observação, registro e reflexão. *Instrumentos Metodológicos I.* São Paulo, Espaço Pedagógico.

Professor coordenador de turma
– Perspectivas de atuação

Francisco Carlos Franco
Universidade de Mogi das Cruzes - SP
e-mail: prof.franfranco@gmail.com

Este texto pretende abordar a importância do trabalho do professor coordenador de turma que atua nas escolas estaduais paulistas com classes da 5ª à 8ª séries do ensino fundamental e do ensino médio.

No início do ano, realizam-se geralmente as reuniões de planejamento. Entre outras atividades, são escolhidos os professores coordenadores de turma (PCT), responsáveis por várias atividades relacionadas com as classes que coordenam.

Embora seja de grande importância o trabalho do PCT, essa função não é valorizada por muitos docentes, que a encaram geralmente como atividade burocrática de preenchimento de papéis ("mapões", fichas individuais de alunos, atas...) e realização de reuniões bimestrais com os pais para a simples entrega dos boletins e para passar alguns recados da direção.

Essa visão restritiva – burocrática e mecânica – da função do PCT acabou por se enraizar nas escolas, associando o trabalho de coordenação de turma a uma atividade menor dentro do contexto escolar, considerando-a sem importância e significado, desassociada do processo de ensino e de aprendizagem. Dessa maneira, muitos docentes têm dificuldade em perceber a relevância da ação do PCT no cotidiano escolar, deixando desprovido de sentido o trabalho desse docente, que poderia ter uma atuação mais efetiva com sua sala de coordenação, como também estabelecer um importante elo entre a escola e os pais ou responsáveis dos alunos.

Para melhor discutir a amplitude do trabalho do PCT, abordaremos a questão em quatro dimensões que abrangem sua atuação:
- as expectativas dos alunos – o PCT como autoridade na resolução de problemas cotidianos;
- o trabalho de escrituração – superando a visão burocrática;
- a participação em reuniões – busca de alternativas para eventuais problemas de ensino e de aprendizagem;
- a relação com as famílias – possibilidade de atuar junto às famílias dos alunos, buscando estabelecer uma relação mais efetiva e democrática.

As expectativas dos alunos – o professor coordenador como uma autoridade legítima

> Pela autoridade de que está investido, o professor exerce uma grande influência sobre seus alunos. Por ele passa muito mais do que a informação: a partir de sua autoridade e de sua postura dentro da sala de aula, os alunos aprendem todo o código de ética.
> (Lídia R. Aratangy)

Para os alunos, o PCT é uma figura importante na escola, pois é o docente que irá acompanhar sua turma de forma mais próxima. No início do ano, percebe-se a ansiedade dos alunos em saber quem será o professor que irá coordenar a sala. Normalmente, muitas expectativas se estabelecem, na esperança de que o PCT atue com habilidade e bom senso na intermediação de situações conflituosas do cotidiano escolar e na representação das aspirações da turma. Tanto para os alunos como para os pais, o professor coordenador é uma autoridade que representa a escola e os representa perante ela. Para que essa atuação aconteça de maneira consequente, é necessário que o PCT estabeleça uma relação amparada numa autoridade legítima, que favoreça o fortalecimento das relações com as famílias e ajude os alunos na construção da cidadania.

Segundo Araújo (1999), existem dois tipos de autoridade: a autoridade autoritária e a autoridade por competência. A primeira é caracterizada pela imposição, recorrendo à posição hierárquica social e escolar para se estabelecer. A relação com seus subordinados vincula-se ao uso da força, ou seja, "... o autoritário é arrogante, violento, impositivo, dominador e se relaciona com a pessoa que age buscando domínio, que se sente no direito, por sua superioridade hierárquica, de cobrar obediência dos subordinados" (Araújo, 1999: 41). O professor que recorre a essa postura, estabelecendo uma relação amparada em sentimentos de medo da punição e temor à violência, não será reconhecido pelos alunos como uma autoridade legítima, embora possam até obedecer a ele, procurando não se expor a humilhações, frequentes nesse tipo de relação.

A autoridade por competência fundamenta-se na admiração que os alunos sentem pelo docente, reconhecendo sua competência e seu prestígio. Para que esse tipo de autoridade se estabeleça é necessário que o professor negue a postura autoritária, recusando o exercício do poder pela via hierárquica, estabelecendo uma relação democrática com os alunos, passando da animosidade da postura autoritária unilateral para uma convivência de respeito mútuo. Dessa maneira,

"... esse professor ou professora consegue estabelecer relações baseadas no diálogo, na confiança e nutrir uma afetividade que permite que os conflitos cotidianos da escola sejam solucionados de maneira democrática. A admiração que lhe é devotada pelos estudantes faz com que o medo presente na relação não seja o de punição, que passa a não ter mais sentido" (Araújo, 1999: 43).

Nesse contexto, o docente será percebido como uma autoridade legítima, reconhecida pelos alunos como uma pessoa competente na intermediação dos dilemas que se apresentam no dia a dia escolar, conseguindo estabelecer vínculos que propiciem uma relação harmônica e democrática.

O que podemos observar nas escolas públicas paulistas é que, infelizmente, ainda hoje, são uma minoria os PCTs que conseguem estabelecer uma relação democrática com sua sala de coordenação, tendo o *status* de uma autoridade legítima para intermediar situações dilemáticas e representar os alunos perante outras esferas da escola. Embora minoritários, esses professores coordenadores são muito habilidosos e justos na condução de problemas relacionais, que frequentemente acontecem no cotidiano escolar, o que justifica a confiança que os alunos depositam neles. Situações conflituosas entre aluno(s) e professor(es), aluno(s) e direção e aluno(s) e aluno(s), entre outras, são, em muitas escolas, "resolvidas" de maneira autoritária, impositiva, conseguindo apenas inibir condutas consideradas indesejadas. Porém, quando esses problemas são administrados por um PCT que tenha estabelecido vínculos afetivos e de respeito mútuo com a sala, ele pode aproveitar essas situações como momentos ricos de aprendizagem. Esses professores passam a utilizar as situações de impasse nas relações interpessoais para discutir com os alunos aspectos importantes, utilizando-se do momento

"... como espaço de vivência e de discussão dos referenciais éticos, não numa instância normativa e normalizadora, mas um local social privilegiado de construção de significados éticos necessários e constitutivos de toda e qualquer ação de cidadania, promovendo discussões sobre dignidade do ser humano, igualdade de direitos, recusa categórica de formas de discriminação, importância da solidariedade e observância das leis" (PCN, 1998:16).

De uma simples punição, que não seria uma ação educativa, passa-se a uma reflexão, uma ação consequente na formação do cidadão.

Outra perspectiva de atuação do PCT é a representação das reivindicações da sala. Um coordenador de turma que tenha um perfil democrático acaba sendo um importante elo entre os alunos e os professores, a direção e outras turmas da escola. Sua atuação, nesse aspecto, pode também ajudar na construção da cidadania, propiciando momentos de discussão de necessidades cotidianas sentidas pelo grupo de alunos e da organização da sala para encaminhar suas reivindicações. Nessa intermediação é que o PCT poderá ajudar o aluno a "... aprender com os outros, que consiste em desenvolver a compreensão do outro e a percepção das interdependências, na realização de projetos comuns" (PCN, 1998:17). Vale ressaltar que esse perfil democrático deve ser o de todos os professores da escola, mas, no caso do PCT, é de fundamental importância.

Embora alguns PCTs consigam estabelecer uma relação democrática com sua sala de coordenação, muitos têm dificuldade em "abrir mão" da autoridade que a instituição escolar lhes concede, recorrendo, em muitas situações, à hierarquia para fazer valer sua opinião e sua vontade. Os PCTs que têm esse perfil acabam, no decorrer do ano letivo, sendo percebidos pelos alunos como pessoas autoritárias, impositivas, o que os faz passar da predisposição inicial para uma relação democrática a um desencantamento. Gradativamente, torna-se menos solicitado pelos alunos que, inibidos e buscando não se expor a situações humilhantes, não mais recorrem a ele para representá-los.

Os dois perfis de PCTs acima citados estão presentes nas escolas estaduais paulistas. Como já afirmamos, o coordenador de turma que é aceito pelos alunos como uma autoridade legítima ainda é uma minoria, pois muitas escolas têm dificuldade em estabelecer uma relação democrática, tanto com os pais como com os alunos. Os PCTs que tentam estabelecer uma nova relação com os educandos e suas famílias são, muitas vezes, criticados por outros docentes e pela direção, que sentem em sua atuação uma ameaça, sendo responsabilizados, em muitas ocasiões, pelas contestações e pela rebeldia dos alunos, que tentam ocupar seu espaço na escola e sentem na figura do PCT um aliado de suas reivindicações.

Escrituração – superando o aspecto burocrático

Tanto para o planejamento como para
o acompanhamento das atividades em curso,
o diagnóstico preciso de situações delimitadas
é imprescindível para a tomada de decisão adequada,
ou até mesmo para o conhecimento de certos
problemas ou possibilidades
não suspeitadas anteriormente.
(Fábio C. B. Villela & Ana A. Guimarães)

Um dos aspectos mais criticados pelos PCTs no desempenho de sua função é o excesso de papéis que ficam sob sua responsabilidade. Em muitas escolas, as exigências para o preenchimento de atas de reunião de conselho e de avaliação, mais conhecidos como "mapões", de fichas individuais, de relatórios, entre outros documentos, têm como objetivo o cumprimento de uma obrigação administrativa, geralmente imposta por uma instância superior (Diretoria Regional de Ensino, Secretaria de Estado da Educação...).

Assim, esses registros não demonstram ter um significado mais amplo na maioria das escolas, o que, em consequência, acaba sendo percebido por muitos docentes como uma tarefa inútil, uma atividade mecânica. Esse procedimento, reduzindo a importância dos registros das dificuldades ou avanços dos alunos por meio de fichas, relatórios etc., acabou por se solidificar em muitas escolas como uma simples obrigação, em muitos casos acompanhadas de descuido quanto às informações que acabam registradas nesses documentos. Se os professores não reconhecem a importância desses registros, dificilmente irão preenchê-los com responsabilidade. Chegam a ser imprudentes com os dados, podendo registrá-los de maneira parcial, generalizada, reduzida ou, até mesmo, de forma incorreta, que não corresponde à realidade de seus alunos.

Vale ressaltar que o objetivo desta reflexão não é defender as atividades burocráticas que a escola costuma exigir dos professores, o que muitas vezes obriga os docentes à realização de tarefas sem nenhuma relação com o aspecto pedagógico. Nessa perspectiva, se os registros não servirem como material de consulta para o aprimoramento do processo de ensino e de aprendizagem, não se justificará tal atividade. Mas acreditamos que esses documentos revelam dados importantes que podem ajudar os professores na reflexão e na percepção de dificuldades que se apresentam no cotidiano escolar. Os "mapões", por exemplo, contêm um resumo do desempenho dos alunos em todos os componentes curriculares que, se for objeto de uma análise cuidadosa, pode revelar dados importantes das dificuldades ou dos avanços que uma turma apresentou em determinada disciplina, ou então no conjunto de disciplinas afins, ou ainda a dificuldade em determinada matéria que no bimestre anterior não se apresentou, só para citar alguns exemplos.

Outro documento que pode ajudar os docentes em seu trabalho é a ficha individual do aluno, que, se preenchida regularmente com informações de seu desempenho, pode ser um importante material de consulta. Essa ficha deve conter a história escolar do educando, nos aspectos relacionais, emocionais e cognitivos, e não apenas notas, menções e ausências. Se os "mapões" podem revelar como o grupo está se desenvolvendo, as fichas individuais contêm dados de como o aluno está se desenvolvendo dentro do grupo. Nesse sentido, um documento vai complementando as informações do outro, fornecendo dados que, se analisados em conjunto, podem dar suporte a uma reflexão mais aprofundada da realidade, baseada em dados concretos, com maiores possibilidades para o planejamento de ações que colaborem na resolução de problemas.

Toda essa documentação, as fichas individuais, o diário de classe, os relatórios, os "mapões"... ficam sob os cuidados do PCT, sendo preenchidos, na maioria das vezes, nas reuniões de conselho de classe. Essas informações ficam "adormecidas" até a próxima reunião, no bimestre seguinte, aproximadamente dois meses depois, o que justifica a postura dos docentes em desvalorizar esses registros. Faz-se necessário trazer toda essa documentação para reuniões cotidianas, como importante fonte de informações para ajudar na resolução de problemas que se apresentam no dia a dia e não somente no bimestre seguinte. É preciso resolver os problemas quando eles se evidenciam, não reservando a reunião seguinte para pensar no que já deveria ter sido feito.

A participação em reuniões

Para haver uma integração e solidariedade entre as pessoas, é preciso um encontro onde todos possam falar de seus pontos de vista, suas insatisfações, seus sucessos, dificuldades e experiências.
(Marília B. Cançado)

Entre as atividades que o PCT desempenha na escola, está a participação em reuniões, sendo as mais frequentes a de conselho de classe e o HTPC (horário de trabalho pedagógico coletivo). As reuniões de conselho de classe são realizadas bimestralmente,

tendo como finalidade discutir o desempenho dos alunos durante o bimestre para, posteriormente, serem repassados aos pais os avanços ou dificuldades que seus filhos apresentaram no período, o que será feito em reunião. Normalmente, as reuniões de conselho de classe são presididas pelo PCT, que, em conjunto com os outros docentes que atuam na sala, vai fazer um diagnóstico, procurando identificar o porquê das dificuldades e planejar ações que procurem resolvê-las. Mas, em algumas situações, torna-se apenas um repasse de notas para serem entregues na secretaria, no qual não se propõe solução para os problemas. Esse procedimento é antigo nas escolas públicas paulistas e acabou, pela rotina, por ser utilizado sem maiores reflexões sobre sua eficácia, e com frequência acaba desencadeando, em algumas escolas, dois problemas sérios:
- As dificuldades de aprendizagem só serão discutidas pelos professores quando o bimestre já se encerrou, esperando a reunião de conselho de classe para discutir como resolvê-lo, o que já deveria ter sido feito durante o transcorrer do bimestre;
- Muitas escolas acabam repassando aos pais as dificuldades que têm em administrar seus próprios dilemas, transformando as reuniões com os pais em espaços de lamentações e queixas, deixando evidente a desorientação e a falta de habilidade que a equipe escolar tem na condução dos problemas de aprendizagem e, principalmente, de disciplina.

Nesse contexto, as reuniões de conselho de classe e as de pais e mestres acabam sendo utilizadas para reclamações e transferência de responsabilidades, postura que não ajuda a superar as dificuldades e, em muitos momentos, acirra ainda mais os conflitos com a classe, e agora também com os pais dos alunos.

Para superar esse modelo, faz-se necessário que as escolas procurem resolver os problemas de dificuldade de aprendizagem, de disciplina, entre outros, no dia a dia, quando se evidenciarem, utilizando o espaço do HTPC para elaborar diagnósticos e planejar ações que ajudem os docentes a administrar com mais consequência e segurança os dilemas cotidianos, próprios de sua profissão. Nessa perspectiva, o professor coordenador pedagógico (PCP) pode contar com a ajuda de todos os professores e, em especial, do coordenador de turma, pois, como já citamos anteriormente, esse docente tem uma relação diferenciada com os alunos e um maior contato com os pais. Além de ser o centralizador dos registros da sala, detém informações importantes, que podem colaborar sobremaneira para a elaboração de um diagnóstico mais próximo da realidade, e, em consequência, desencadear ações que sejam mais apropriadas e com maior possibilidade de acerto. Sem contar que todos esses dados podem ser utilizados pelo Professor Coordenador Pedagógico para, em conjunto com os professores da classe ou mesmo de toda a escola, elaborar um projeto de formação em serviço, atendendo às necessidades e dificuldades que os professores têm em seu trabalho pedagógico e que se evidenciaram nos diagnósticos.

Dessa maneira, a reunião de conselho de classe para o encerramento do bimestre seria *mais um* momento de reflexão do trabalho desenvolvido no bimestre, tendo como enfoque os avanços e/ou entraves nos processos de ensino e de aprendizagem, no desenvolvimento do projeto pedagógico da escola, e dos projetos que estão em andamento... Seria um momento de reflexão e avaliação das ações desenvolvidas, tendo a participação de representantes dos alunos, como já exigem as Normas Regimentais Paulistas, mas não seria exagero propor também a participação de representação dos pais, dos funcionários, dos outros professores, além da presença importante da coordenação pedagógica e da direção. Os problemas específicos de cada sala teriam como interlocutor o PCT que, posteriormente, socializaria aos pais todo o teor da reunião, aspecto que abordaremos adiante mais detidamente.

Relação com os pais – do afastamento à cumplicidade

O diferente de nós não é inferior. A intolerância é isso:
é o gosto irresistível de se opor às diferenças.
(Paulo Freire)

Para Szymansky (1997), a escola e a família são instituições que têm em comum a preparação dos jovens para a inserção na sociedade, sendo elas os primeiros espelhos nos quais nos vemos e os primeiros mundos que habitamos. Embora ambas as instituições tenham a responsabilidade de educar os jovens, a escola tem uma particularidade, que é a obrigação de ensinar os conteúdos específicos dos diversos ramos do conhecimento, tendo características diferentes das famílias, pois "... a ação educativa dos pais difere necessariamente da escola nos seus objetivos, conteúdos, métodos, no padrão de sentimentos e emoções que estão em jogo, na natureza dos laços pessoais entre os protagonistas e, evidentemente, nas circunstâncias em que ocorrem" (Szymansky, 1997: 217).

Em vez de estabelecerem uma parceria, uma vez que ambas almejam o bem do aluno/filho, querendo que se desenvolva em sua plenitude, percebe-se que a relação entre os pais e a escola está abalada. De um lado, os professores reclamam da atuação dos pais, acusando a família de desestruturada, ausente, afirmando que as crianças e os jovens estão desinteressados pela escola, que são carentes..., procurando, dessa maneira, justificar o insucesso de alguns alunos na escola. De outro, os pais reclamam do excesso de faltas dos professores, da postura autoritária na relação com os alunos e a família. Em algumas situações, "... *as próprias famílias podem recorrer à violência contra a escola e a professora, reproduzindo as condições como são tratadas*" (Szymanski, 1997: 220).

O isolamento que a escola acabou por se impor na relação com os pais comprova a dificuldade que alguns professores têm em estabelecer uma relação democrática e de respeito mútuo com as famílias dos alunos, recorrendo à prática de acusações e lamentações, perdendo um forte aliado, sem perceber que "... *as pessoas se desgastam muito mais numa relação de isolamento e/ou tensão com as famílias do que desenvolvendo parcerias*" (Szymanski, 1997: 215).

Nesse contexto, a figura do PCT é fundamental para estabelecer uma nova relação com a família, pois, além de presidir as reuniões com os pais dos alunos sob sua coordenação, irá estabelecer uma maior aproximação da família com a escola. Essa aproximação já é um fato, da 1ª à 4ª séries do ensino fundamental, fase em que os pais têm como forte referência na escola a "professora da sala" de seu filho, a quem recorrem sempre que necessitam. Essa situação muda quando o aluno passa para a 5ª série e, de um único professor, passa a ter aproximadamente oito; para muitos pais, agora é o PCT que irá fazer o papel que, anteriormente, era desempenhado pelo "professor da sala".

O PCT deve aproveitar a predisposição dos pais para estabelecer uma relação democrática e de respeito mútuo, mas, para que isso ocorra, é necessário que algumas posturas e certos encaminhamentos sejam conduzidos de maneira mais adequada. A prática de convocar os pais, por exemplo, para dar-lhes ciência de algum problema que justifique chamar a família para intermediar, orientar ou simplesmente informar sobre alguma ocorrência deve ser feita quando o problema se evidencia e nunca em reuniões, expondo os pais a situações vexatórias e, em alguns casos, até humilhantes, perante outros pais. As questões que tratam da individualidade do aluno devem ser tratadas num âmbito mais adequado, com discrição e respeito, tanto com o aluno como com os pais, e, de preferência, intermediadas pelo PCT, que, junto com a coordenação pedagógica, a direção e a família, irá estabelecer uma parceria amparada na confiança e na competência, procurando alternativas para resolver os impasses.

Dessa maneira, a escola deve buscar alternativas para estabelecer uma relação de respeito mútuo e democrática com os pais, que

"seria gradualmente construída, uma relação de confiança mútua entre a equipe escolar e as famílias. Conflitos existiriam sim, mas sua solução na base de uma relação de confiança seria muito mais fácil e efetiva. Ambas as partes aprenderiam a negociar uma com a outra. Mais do que isso, aprenderiam a se conhecer, a se respeitar e a se ajudar" (Szymanski, 1997: 215).

Também nessa perspectiva, a reunião com os pais deve abordar aspectos significativos, que justifiquem estar convocando os pais, pois

"A reunião de pais é um importante instrumento para que a escola possa compartilhar a tarefa de educar seus alunos/filhos. Não pode ser apenas um espaço de queixas, reclamação e resolução de problemas de ordem prática, financeira e burocrática" (Mingues & Aratangy, 1998: 21).

Vários temas podem ser discutidos nos encontros com os pais, procurando integrá-los na comunidade escolar, dando uma nova dimensão a essas reuniões, para que participem das reflexões sobre os problemas da escola e do planejamento das ações. Vale ressaltar que "não se pretende que os pais sejam professores nem que interfiram em conhecimentos técnicos. Trata-se de reconhecer a competência e o direito que têm de avaliar, dentro das dimensões analisadas, o trabalho escolar" (Cançado, 1997: 27). Nesse sentido, os pais podem avaliar a organização da escola, o tratamento pedagógico que é dado a seus filhos, entre outros aspectos, tendo na reunião de pais um espaço de participação efetiva nos rumos da escola de seus filhos.

Entre os temas que podem ser abordados nas reuniões de pais, Mingues & Aratangy (1998: 21) destacam:

- "informar a respeito de algum projeto de estudo planejado para o bimestre/semestre/ano, para que a família colabore;
- mostrar trabalhos feitos pelas crianças, com relato do professor a respeito de como foram realizados;
- convidar um especialista de saúde, ou de outra área, e debater questões que afetem a comunidade;
- pedir aos pais que eles mesmos sugiram temas que queiram discutir, por exemplo orientação sexual, violência, ou problemas com drogas;
- discutir questões gerais de ensino e de aprendizagem."

Dessa maneira, os encontros com os pais e as convocações, quando necessários, terão um novo enfoque; com a participação efetiva do PCT intermediando essas relações, a escola poderá estabelecer uma parceria importante com a família, e quem sairá ganhando com esse novo encaminhamento será o aluno.

Em síntese...

> *As grandes mudanças exigem também o esforço contínuo, solidário e paciente das pequenas ações.*
> (Moacir Gadoti)

É na soma das possibilidades de atuação que o PCT acaba por se diferenciar no contexto escolar. Por estabelecer um contato mais próximo com os alunos, intermediando impasses e representando-os perante a escola, por ter um registro mais apurado do desenvolvimento de sua turma, o que o capacita a ser uma figura importante para realizar diagnósticos e planejar ações, e por ser o docente que vai estabelecer um contato mais próximo da família, o PCT se torna uma figura singular no contexto escolar. Com sua atuação, pode colaborar para que a escola seja mais democrática, criando um espaço aberto a discussões e à participação de todos os envolvidos no processo de ensino e de aprendizagem.

> *Estar vivo é estar em conflito permanente, produzindo dúvidas, certezas sempre questionáveis.*
> *Estar vivo é assumir a educação do sonho cotidiano.*
> *Para permanecer vivo, educando a paixão, desejos de vida e de morte, é preciso educar o medo e a coragem.*
> *Medo e coragem em ousar.*
> *Medo e coragem em assumir a solidão de ser diferente.*
> *Medo e coragem em romper com o velho.*
> *Medo e coragem em construir o novo.*
>
> (Madalena Freire)

Referências bibliográficas

ARATANGY, Cláudia R., & MINGUES, Eliane (1998). Relatório e reunião de pais. In: *Cadernos da TV Escola: diários e projetos de trabalho*. Ministério da Educação e do Desporto, Secretaria de Educação a Distância. Brasília, MEC/SEED.

ARAÚJO, Ulisses F. (1999). Respeito e autoridade na escola. In: AQUINO, J. G. (org.) *Autoridade e autonomia na escola: alternativas teóricas e práticas*. São Paulo, Summus.

BRASIL, Ministério de Educação e do Desporto, Secretaria de Educação Fundamental (1998). *Parâmetros curriculares nacionais: introdução*. Brasília, MEC/SEF.

CANÇADO, Marília B. (1996). A reunião com os segmentos. *Cadernos da TV Escola: escola hoje*. Ministério da Educação e do Desporto, Secretaria de Educação a Distância. Brasília, MEC/SEED.

SZYMANSKI, Heloísa (1997). Encontros e desencontros na relação família-escola. *Ideias 28: os desafios enfrentados no cotidiano escolar*. Secretaria de Estado da Educação – São Paulo, Fundação para o Desenvolvimento da Educação. São Paulo, SE/FDE.

Dificuldades de aprendizagem: concepções que permeiam a prática de professores e orientadores

Cecilia Iacoponi Hashimoto
Consultora Pedagógica
e-mail: ceciliaiacoponi@uol.com.br

Até que ponto é preciso ser inteligente para ser boba?
Os outros disseram-lhe que era boba. E ela se fez
de boba para não ver até que ponto
os outros eram bobos ao imaginá-la boba,
porque não ficava bem pensar que eram bobos.
Preferiu ser boba e boa
a ser má e inteligente.
É ruim ser boba: ela precisa ser inteligente
para ser tão boa e boba.
É ruim ser boba, porque isso demonstra
até que ponto os demais foram bobos
quando lhe disseram que era muito boba
(R. Laing)

O que pode ser considerado dificuldade de aprendizagem? Qual é a concepção de dificuldade de aprendizagem que permeia a prática de professores e orientadores? Que razão da problemática envolve o professor no trabalho com a dificuldade de aprendizagem de seu aluno?

Tendo em vista que, cada vez mais, a escola encaminha para especialistas e/ou médicos as questões referentes às dificuldades de aprendizagem dos alunos, depositando neles a possível solução e refletindo sobre a concepção de dificuldade de aprendizagem que permeia a prática de professores e orientadores, consideramos importante esclarecer, para a escola, que é de sua competência o trabalho com as dificuldades de aprendizagem dos alunos.

Indiscriminadamente, professores e orientadores julgam que o aluno X possui o problema Y e o encaminham diretamente ao profissional que supostamente consideram apto para tratar do problema. Apostam em um diagnóstico advindo de suas observações em sala de aula e já remetem aos pais a tarefa da busca de solução fora dos muros escolares.

É muito comum, tendo um aluno trocado letras durante uma semana, a escola reunir a família, ditar um diagnóstico de disléxico e encaminhá-lo à fonoaudióloga. Não se questiona o porquê da troca de letras naquela semana, nem tampouco a possibilidade de estar havendo alguma situação na vida desse aluno que se estaria refletindo temporariamente na escrita.

Ou ainda, indo mais além, desconhece-se a própria construção do conhecimento que pressupõe avanços e retrocessos na elaboração das hipóteses necessárias para o processo de aprendizado.

Muitas vezes, por esses professores não saberem olhar os problemas de seus alunos com o devido preparo ou estudo, buscam apoio dos profissionais não docentes (orientadores, diretores, coordenadores, especialistas) para elucidar caminhos a seguir, quanto às problemáticas que encontram no dia a dia escolar.

Mais uma questão entra em pauta: antes mesmo de saber o que a escola faz, é preciso saber o que é que a escola (professores e orientadores) entende, como é que a escola vê, que concepção está por trás dessa prática, em termos das dificuldades de aprendizagem dos alunos.

Não se trata de desmerecer o trabalho dos profissionais especialistas que trabalham prestando assessoria ou investigando a causa dos possíveis problemas mas, ao contrário, de considerar o que cabe a cada um, dentro da pertinência das questões.

De modo geral, os profissionais da educação acostumaram-se às soluções que vêm de fora e não refletem se é mesmo o caso de um acompanhamento externo.

Tamanha indefinição de rumos a essa questão deve-se ao fato de que, na própria literatura, os autores têm posições diferentes, tais como:
   a) as dificuldades de aprendizagem são consequências de problemas internos, orgânicos;
   b) são aspectos emocional-afetivos;
   c) são consequências de cunho familiar, escolar, comunitário;
   d) são situações externas, relacionadas à dinâmica social;
   e) são deficiências nas funções auditivas e visuais;
   f) são consequências de rebaixamento de nível intelectual, entre tantos.

Porém, em nenhuma delas vislumbra-se a hipótese de a escola ser promotora de grande parte das dificuldades, em decorrência de sua própria situação organizacional e estrutural. Nela só cabem "bons alunos", considerados os que não fogem ao seu padrão, ao seu conceito do que seja um bom aluno. Caso haja alguma variante, este aluno é colocado à margem do meio escolar, pois não atende às expectativas. A escola que o marginaliza tem grandes possibilidades de recuperá-lo, pois está com ele na maior parte do tempo em que as dúvidas e dificuldades ocorrem.

Quando um aluno não realiza uma tarefa escolar, não significa que ele seja atrasado ou tenha algum problema. Simplesmente pode estar ocorrendo uma inadequação entre o que está sendo proposto e o que o aluno pode realizar naquele momento. Melhor dizendo: o aluno tem o potencial e pode realizar até mais do que a escola está oferecendo; o que lhe falta é possibilidade de mostrar o que já sabe e, em contrapartida, entendimento, por parte da escola, para enxergar por que ele não está produzindo dentro do padrão esperado.

Pensando sob esse prisma, muitas situações escolares estariam sendo reestudadas e encaminhadas de outra forma se os profissionais, professores e orientadores percebessem aquele momento do aluno como sendo particular e passageiro, sem a angústia de resolução rápida e, pior, sem verdades absolutas: "Ele é lento, por isso não aprende".

Não se considera que possa haver outra abordagem ou possibilidade para o caso, um novo enfoque, uma nova postura pedagógica, que favoreça e acolha o aluno. Pensa-se que o aprender está envolto apenas pelos resultados esperados: notas, conceitos, medalhas e prêmios.

Uma situação comum, por exemplo, ocorre quando o aluno chega à escola com um histórico escolar de notas baixas e é conceituado como fraco, lento e/ou problemático. Geralmente, esse aluno já passou pela maratona de várias escolas, não se adaptou a nenhuma, e os pais estão aflitos por encontrar uma que consiga trabalhar com ele. Seguindo orientação das outras escolas pelas quais o filho passou, os pais optam por uma menor, de maior proximidade com o aluno (isso não implica, necessariamente, que escolas maiores não possuam posturas diferentes, que atendam às necessidades individuais da criança; é mais uma questão de sentirem-se amparados, enquanto pais e aluno, pelo fato de a escola ser menor). Nesse outro ambiente, encontram uma situação que difere das vivenciadas, com respeito ao ritmo e às potencialidades de seu filho.

Esse exemplo não é original. Muitas dessas histórias existem e, embora haja situações em que o desfecho não é o mesmo, o que está embutido nesse fato é a necessidade de que tanto professores como orientadores olhem a criança e apostem no que ela é capaz de fazer.

Não considerar o rótulo que já veio com a criança é fundamental para o trabalho prosseguir. Desistir da criança, colocá-la num quadro de incapacidade e inabilidade é reforçar a ideia de que a escola só serve para a minoria que se adapta a seus modelos. Para que sociedade essa escola está formando crianças?

Surgem questões importantes em meio a tudo isso: como o professor e o orientador concebem seu trabalho na escola? Como consideram a aprendizagem? Que modelos são suas referências? Existem projetos que sinalizam o trabalho para com as dificuldades dos alunos?

Partindo dessas indagações, investiguei a concepção de dificuldades de aprendizagem que permeia a prática de professores e orientadores, tanto da rede pública como da particular de ensino, iniciando por livros que apontassem os caminhos já traçados pela pedagogia, pela medicina, pela psicologia e pela psicopedagogia, relativos às dificuldades de aprendizagem. Encontrei o maior número de referências na área de psicopedagogia. As demais áreas forneceram subsídios teóricos, para que fosse possível construir a distinção entre distúrbios, problemas e dificuldades de aprendizagem, construção que acabou sendo a referência para análise dos dados da pesquisa. Melhor dizendo, a partir da concepção de dificuldade de aprendizagem criada, sugiro um quadro que aponta as competências, medidas e atuação de cada profissional.

Apresento, então, a definição de dificuldade de aprendizagem, passível de críticas e mudanças, porém pertinente para o momento em que esta pesquisa foi realizada e coerente com os estudos preliminares para sua realização. Esta definição não denomina *dificuldade* como *distúrbio* ou *problema*, pois compreende que ao se chegar a um diagnóstico conclusivo de problema ou distúrbio, já não cabe à escola solucionar. Assim,

"*a dificuldade de aprendizagem é uma situação momentânea na vida do aluno, que não consegue caminhar em seus processos escolares, dentro do currículo esperado pela escola, acarretando comprometimento em termos de aproveitamento e/ou avaliação*" (Hashimoto, 1997).

Com vistas à definição, nasceu o seguinte quadro, que elucida o limite do trabalho na escola, via compreensão do que seja dificuldade, problema e distúrbio: *dificuldade* – a escola deve atuar; *problema* – o especialista deve atuar; *distúrbio* – o médico deve atuar:

PROFISSIONAL	COMPETÊNCIA	ATUAÇÃO	MEDIDAS
MÉDICO	*DISTÚRBIO* (DOENÇA)	CONSULTÓRIO	EXAMES CLÍNICOS MEDICAÇÃO
ESPECIALISTA	*PROBLEMA* (DIAGNÓSTICO ESPECÍFICO)	CONSULTÓRIO	TERAPIAS ESPECÍFICAS
PROFESSOR E ORIENTADOR	*DIFICULDADE ESCOLAR* (APRENDIZAGEM)	ESCOLA	METODOLOGIAS, ESTRATÉGIAS, RECUPERAÇÃO DO ALUNO

Numa primeira instância, temos o médico, profissional habilitado e capacitado para o trato com as doenças de maneira geral, via formação médica. Esse profissional tem, no bojo de sua formação, elementos que lhe permitem considerar e apreciar certos grupos de sintomas como doenças, tratá-los com ou sem medicamentos, porém tendo a clareza de que a abordagem é clínica, médica. Nessa situação, como exemplos, podemos citar tratamentos de crianças com epilepsia, DCM – disfunção cerebral mínima —, doenças motoras leves e graves, doenças neurológicas de maneira geral, que certamente comprometem o percurso escolar.

Em situação intermediária, temos a figura do especialista, que pode ser psicólogo, fonoaudiólogo, psicopedagogo. Ao contrário da situação anterior, não possui formação médica, mas específica em sua área. Assim, não pode tratar com medicamentos. A interação medicamentosa provém de um estudo que esse especialista faz da necessidade para tal e, quando isso ocorre, encaminha para um médico, que prescreverá a medicação e sua dosagem, após exame criterioso. A situação de utilização dos serviços de especialistas deve ser decorrente dos problemas de aprendizagem com os quais a escola não tem respaldo para lidar, como: problemas da fala, da escrita, problemas de ordem psicológica e emocional, já que seus profissionais não possuem formação: são professores, formados pelo curso de Magistério do Ensino Médio ou Pedagogia.

No último item do quadro, temos professor e o orientador, profissionais responsáveis e competentes, por sua formação, para o trato com as questões educacionais, que envolvem também as dificuldades de aprendizagem.

Retomando, então, as duas realidades pesquisadas, municipal e particular, percebi que falta aos professores o "olhar" às transformações sociais, bem como às necessidades de seus alunos, buscando no processo de interação (na escola) caminhos que possibilitem uma ação mais refletida e contextualizada.

Já os orientadores devem aproveitar seu espaço para integrar o grupo em ações que privilegiem projetos coletivos, não perdendo de vista a reflexão necessária sobre a representatividade de cada um, da cultura, da forma de ver o mundo, o limite de interação e transformação de todos, e de cada um, particularmente.

Essas considerações são apontadas tendo em vista a falta de compreensão dos professores acerca da importância de um projeto pedagógico nas escolas que atenda às dificuldades dos alunos. Isso corrobora a premissa de que a prática instalada nas escolas não pactua com as condições necessárias ao trabalho efetivo com vistas às dificuldades de aprendizagem.

Há que se fazer mudanças emergenciais nesse cenário escolar.

Muitos professores e orientadores, questionados sobre o que significava dificuldade de aprendizado, como realizavam seu trabalho, se participavam de palestras e eventos que tratassem da temática, nem sabiam responder. Alguns limitavam-se a considerar *dislexia* como exemplo e definição, outros respondiam que o problema era a *família desestruturada* e não a escola, *bloqueio*, *falta de maturidade*, *falta de concentração*, *faixa etária muito baixa*.

Nas duas escolas, encontramos concepções de dificuldades de aprendizagem que se distanciam da apresentada enquanto objeto de investigação, refletindo uma prática que centraliza a busca de solução no encaminhamento ao especialista, isentando a escola da responsabilidade em assumir a situação.

Ao final do trabalho, fica a sensação de que ele ainda não se esgotou. O assunto precisa ser mais esmiuçado. É preciso buscar a prática de outros profissionais, discutir, conversar, procurar entender por que a escola tem tanto receio de abarcar a dificuldade de aprendizagem do aluno, que lhe pertence. A dificuldade de aprendizagem é sempre do outro... da família... da sociedade... do aluno... Sendo assim, quem deve solucioná-la é o outro... e não a escola?

Permanece o anseio de que professores e orientadores possam voltar um novo olhar para a escola e o aluno, perguntar-se sobre suas funções enquanto formadores e tentar responder, talvez com um pouco mais de clareza e discernimento: *o que são dificuldades de aprendizagem?*

Referências bibliográficas

FERNÁNDEZ, Alicia (1990). *A inteligência aprisionada – abordagem psicopedagógica clínica da criança e sua família*. Porto Alegre, Artmed.

HASHIMOTO, Cecilia I. (1997). *Dificuldades de aprendizagem: concepções que permeiam a prática de professores e orientadores*. Tese de mestrado, PUC-SP.

MARCONDES, Eduardo (1997). *Pediatria básica*. São Paulo, Savieri.

NÓVOA, António (org.) (1992). *Os professores e sua formação*. Lisboa, Dom Quixote.

PAIN, Sara (1985). *Diagnóstico e tratamento dos problemas de aprendizagem*. Porto Alegre, Artmed.

PIMENTEL, Maria da Glória (1993). *O professor em construção*. Campinas, Papirus.

PLACCO, Vera Maria Nigro de Souza (1994). *Formação e prática do educador e orientador*. Campinas, Papirus.

ROSS, Alan O. (1979). *Aspectos psicológicos dos distúrbios de aprendizagem*. São Paulo, McGraw-Hill.

Coordenar, avaliar, formar: discutindo conjugações possíveis

Sylvia Helena Souza da Silva Batista
UNIFESP. e-mail: sylbatista@ig.com.br

Este texto surge como síntese das aprendizagens que venho construindo a partir de minha inserção como Assessora do Plano de Capacitação do Sistema de Avaliação do Rendimento Escolar do Estado de São Paulo (Saresp)[1] e do meu trajeto como docente e pesquisadora na área da formação de professores.

Nesse sentido, pretendo partilhar reflexões sobre possíveis conjugações que os verbos "coordenar", "avaliar" e "formar" podem assumir no contexto das práticas educativas, compreendendo que a realidade educacional contemporânea demanda profissionais críticos e transformadores de um panorama de perplexidade diante das aceleradas mudanças sociais, das novas configurações do mundo do trabalho e das novas exigências de aprendizagem (Tavares, 1998). Como nos desafia Pineau (1999), é preciso construir o sentido do trabalho pedagógico, desvelando as ênfases que têm sido privilegiadas na história

---

1. Assim, registro quão fecundo e prazeroso tem sido trabalhar com a Equipe de Avaliação da Fundação para o Desenvolvimento da Educação e, também, explicito que as vozes das colegas desta Equipe ecoam nas reflexões que ora empreendo neste texto.

da formação de profissionais da educação e empreendendo uma prática propositiva – politicamente delineada, compromissada socialmente, eticamente engendrada e ousadamente concretizada.

No caminho escolhido, parto de uma exploração dos significados presentes no substantivo "coordenação", para desencadear relações entre coordenar e avaliar e, então, situar implicações nos e para projetos de formação.

Um diálogo se inicia...

Coordenação: estratégia de controle ou mediação técnico-pedagógica?

Instigante acompanharmos algumas definições atribuídas a coordenação e coordenar:

"Coordenação: (ingl. *Coordination*; franc. *Coordination*; al. *Koordination*). A relação entre objetos que estão situados na mesma ordem ou nível em um sistema de classificação" (Abbagnano, *Dicionário de filosofia*, Mestre Jou, 1982).

"Coordenar: (do latim *coordinare*) dispor segundo certa ordem e método; organizar; arranjar; ligar, ajuntar por coordenação" (*Aurélio Buarque de Holanda*, Nova Fronteira, 1986).

A leitura dessas definições remete-me a uma perspectiva de movimento; ou seja, não há, tal como compreendo, coordenação a partir de um só lugar, operando apenas com semelhanças ou, ainda, privilegiando a homogeneidade. Coordenação pressupõe, portanto, uma disponibilidade para transitar entre diferentes cenários e espaços, encontrando projetos diversos (às vezes antagônicos), construindo caminhos de aproximação, negociação, diálogo e troca, entendendo os constituintes do grupo coordenado como pares legítimos institucionalmente e partícipes de um dado projeto político-pedagógico (Hass, 2000).

Negar ou secundarizar essa disponibilidade significa desconsiderar as possibilidades de arranjo, de ligação, de relação – são essas possibilidades que conferem ao processo de coordenar uma tensão permanente, pois tanto se podem ter práticas de coordenação conservadoras que estarão revestidas de um forte tom de estratégia de controle (a vigilância das atividades e a regulação impositiva do trabalho) como práticas de coordenação transformadoras, que se constituirão numa efetiva mediação técnico-pedagógica (a interlocução consistente e ancorada no trabalho coletivo).

No cotidiano escolar, as práticas de coordenação compõem o panorama de aprendizagem e ensino, demandando uma clareza dos determinantes histórico-políticos, mas também uma busca de sentido que articule as dimensões da intersubjetividade, da subjetividade e da dinâmica educacional presente em certa proposta curricular (Marques, 1999).

Aqui insiro uma crença: a coordenação pode se configurar como prática social caracterizada pela mediação técnico-pedagógica na medida em que traduza consideração pelos sujeitos envolvidos e suas histórias; compromisso com um projeto educativo que esteja sintonizado com diálogos entre e com diferentes; assunção do trabalho coletivo como uma importante estratégia de trabalho; investimento num processo de planejamento baseado na cooperação e na troca de saberes e experiências.

Delineia-se, assim, uma coordenação que articula tempos de ação e tempos de espera, descortinando uma postura interdisciplinar de escuta, acolhimento, confronto, ruptura, diálogo, proposições, avanços e recuos (Hass, 2000).

Percebo que até aqui a reflexão sobre a coordenação parece situada num plano acima dos sujeitos. Onde estaria o coordenador-autor de práticas de coordenação? Penso que, intencionalmente, provoco um questionamento sobre os modos como se tem discutido sobre a coordenação: em um número significativo de publicações, em especial as de responsabilidade de órgãos formuladores de políticas educacionais, há certo traço de abstração nas práticas de coordenar, como se o coordenador respondesse individualmente pela marca de controle ou de mediação impressa numa dada realidade. Não partilho essa concepção de coordenador.

A opção por inserir o coordenador após um breve percurso pelos significados da coordenação e do coordenar assenta-se na perspectiva de que existem terrenos datados socioculturalmente que favorecem ou impedem determinados planos de trabalho e que, se desconsiderados, acabam por responsabilizar um só partícipe da realidade escolar. Assim, necessário se faz discutir os sentidos da coordenação para que tenhamos instrumentos teóricos para problematizar o lugar do coordenador na trama pedagógica.

Ao pressupor conjugações possíveis entre coordenar e avaliar, entendo que o coordenador encontra nas práticas avaliativas uma referência estruturante. Fazer avaliação, participar da elaboração de propostas de avaliação da aprendizagem, discutir resultados obtidos por meio de sistemas de avaliação de ensino (no caso paulista, o SARESP), procurando levantar hipóteses, juntamente com a equipe escolar, que expliquem o desempenho dos alunos e projetando intervenções no contexto educativo, são movimentos fecundos que podem materializar as ações de ligar, relacionar, articular, mediar (Batista, 2001).

O lugar do coordenador revela-se fundamental na medida em que se constitua numa liderança técnico-pedagógica, sendo corresponsável pela articulação entre diversas interlocuções – dirigentes, professores, diretores, alunos, famílias, comunidade, órgãos centrais, sem perder de vista as implicações e os desdobramentos de todo o processo educativo (Batista e cols., 2001). Assim, diz Hass (2000: 123): "Na coordenação é possível buscar parceiros, fazer conceituações, planejar, executar e acompanhar muito de perto o desenrolar das ações".

Investir em possibilidades compõe o trajeto de pessoas que se comprometem com as lutas e urgências de seu tempo histórico.

Avaliação como prática social, intencional e comprometida com uma visão de mundo

Parece-nos motivador apresentar uma fábula adaptada pela professora Clarilza Sousa para, então, continuar a derivar reflexões sobre conjugações possíveis entre coordenar e avaliar.

"Era uma vez...
Uma rainha que vivia em um grande castelo.

Ela tinha uma varinha mágica que fazia as pessoas bonitas ou feias, alegres ou tristes, vitoriosas ou fracassadas. Como todas as rainhas, ela também tinha um espelho mágico. Um dia, querendo avaliar sua beleza, também ela perguntou ao espelho:
– Espelho, espelho meu, existe alguém mais bonita do que eu?
O espelho olhou bem para ela e respondeu:
– Minha rainha, os tempos estão mudados. Esta não é uma resposta assim tão simples. Hoje em dia, para responder a sua pergunta eu preciso de alguns elementos mais claros.
Atônita, a rainha não sabia o que dizer. Só lhe ocorreu perguntar:
– Como assim?
– Veja bem, respondeu o espelho. – Em primeiro lugar, preciso saber por que Vossa Majestade fez essa pergunta, ou seja, o que pretende fazer com minha resposta. Pretende apenas levantar dados sobre o seu ibope no castelo? Pretende examinar seu nível de beleza, comparando-o com o de outras pessoas, ou sua avaliação visa ao desenvolvimento de sua própria beleza, sem nenhum critério externo? É uma avaliação considerando a norma ou critérios predeterminados? De toda forma, é preciso, ainda, que Vossa Majestade me diga se pretende fazer uma classificação dos resultados.
E continuou o espelho:
– Além disso, eu preciso que Vossa Majestade me defina com que bases devo fazer essa avaliação. Devo considerar o peso, a altura, a cor dos olhos, o conjunto? Quem devo consultar para fazer essa análise? Por exemplo: se consultar somente os moradores do castelo, vou ter uma resposta; por outro lado, se utilizar parâmetros nacionais, poderei ter outra resposta. Entre a turma da copa ou mesmo entre os anões, a Branca de Neve ganha estourado. Mas, se perguntar aos seus conselheiros, acho que minha rainha terá o primeiro lugar. Depois, ainda tem o seguinte – continuou o espelho:
– Como vou fazer essa avaliação? Devo utilizar análises continuadas? Posso utilizar alguma prova para verificar o grau dessa beleza? Utilizo a observação?
Finalmente, concluiu o espelho: – Será que estou sendo justo? Tantos são os pontos a considerar..." (adaptado de *Utilization-Focused Evaluation*. Londres, Sage Pub., 1997, de Michael Quinn Patton).

Essa fábula nos convida a pensar sobre o impacto que a perspectiva avaliativa tem em nossas vidas: nossas perguntas, nossas opções, os caminhos escolhidos envolvem, necessariamente, movimentos de avaliação e de tomada de decisão. Isto também nos define como seres humanos.

Matos (1995: 66-67) afirma que

"Ninguém escapa da avaliação e de suas consequências. Ela está para nossa vida assim como o ar que respiramos e o sol que nos ilumina. Em nossa vida tudo é avaliável: o belo dia de sol, as manhãs tristonhas de inverno, os bens móveis e imóveis e até mesmo a gente".

Quando o *espelho* altera suas respostas tradicionais e passa a questionar diferentes dimensões e parâmetros, adentramos no terreno da intencionalidade: não basta qualquer avaliação ou não vale qualquer decisão; faz-se necessário explicitar referenciais, crenças, valores, pressupostos.

No contexto das práticas educativas, visto que são intencionais, deliberadamente organizadas, vinculadas a um dado sistema educacional, avaliar significa monitorar processos de desenvolvimento e aprendizagem, abrangendo todos os sujeitos e os diversos aspectos que interagem na materialização de uma proposta pedagógica.

"Uma avaliação não se realiza em abstrato e por isso necessita, liminarmente, considerar diferentes aspectos ligados ao contexto em que a escola e o universo escolar se situam, a fim de ajustar os procedimentos do planejamento à realidade em que a educação ocorre e às variáveis que certamente exercem alguma influência sobre o processo educacional" (Vianna, 1998: 148).

Nesse sentido, parece que as perguntas do *espelho* permitem uma visibilidade bastante fecunda dos diferentes níveis de avaliação (do micro da sala de aula ao macro do desempenho do sistema nacional de ensino); das diferentes possibilidades de instrumentos avaliativos (da prova à observação); das diversas nuanças de frequência e objeto a ser avaliado (da avaliação contínua com foco na aprendizagem à avaliação periódica com foco no desempenho geral do sistema educativo).

A avaliação educacional, dessa forma, revela-se múltipla e complexa, demandando olhares de diferentes perspectivas para que a amplitude e a magnitude do fenômeno educativo possam ser apreendidas de maneira mais consistente, crítica e com reais possibilidades de transformação.

"A avaliação pode focalizar a instituição escolar, e então estaremos falando da avaliação institucional ou de um programa educacional, e assim deveremos realizar uma avaliação de programa; ou ainda de determinado currículo, e assim desenvolveremos a avaliação de currículo. O professor, em sala de aula, também desenvolve o processo de avaliação do processo ensino-aprendizagem, focalizando as atividades que seus alunos realizam no dia a dia, tendo em vista tomar decisões sobre a continuidade dos estudos desses alunos e refazer programações, estratégias e metodologias de ensino" (Sousa, 1998: 3).

E o lugar do coordenador nas práticas avaliativas que têm composto os universos escolares? Emerge uma reflexão instigante no sentido de projetar esse lugar para além da normatização e/ou padronização de instrumentos avaliativos – é um lugar privilegiado de interlocução, problematizando a realidade e descobrindo, num trabalho coletivo, caminhos e alternativas em direção à construção de uma cultura avaliativa que rime com diversidade, acompanhamento crítico, sinalizadores para e nas ações. Uma cultura avaliativa que nos incentive a alterar nossas respostas, aprendendo com o espelho a coragem de alterar o estabelecido e instituir a dúvida que gera o questionamento e implica prática concreta.

Este é um lugar, também, de um sujeito que se forma ao participar da formação de outros sujeitos.

Coordenar, avaliar e formar: as conjugações como projeto educativo

Conjugar coordenar, avaliar e formar envolve, na perspectiva que assumo, um permanente exercício de triangulação de práticas pedagógicas que materializam determinadas políticas públicas de educação. Essa triangulação exige escavar quais pressupostos têm orientado as propostas de formação, assim como explicitar quais são assumidos nos diversos, múltiplos e complexos contextos escolares. O aprofundamento desses pressupostos escapa ao delineamento deste texto, mas considero importante partilhar algumas dimensões de como tenho concebido a formação.

Ao nos filiarmos a uma concepção de formação que privilegia a pessoa inserida em determinado contexto sócio-histórico, tendo portanto suas práticas um caráter intersubjetivo e condicionadas por condições concretas de existência, entendemos que qualquer movimento de intervir no caminho formativo de outra pessoa está, necessariamente, presidido por uma intencionalidade. Não há uma ação fortuita, há propostas carregadas de significados (Silva, 1997; Batista e Silva, 1998; Placco e Silva Batista, 2000).

Assumindo a formação como processo contínuo, insere-se a necessidade de projetar e implementar metodologias de trabalho que apreendam temáticas e estratégias que possibilitem o diálogo entre e com os sujeitos envolvidos, considerando suas especificidades, o contexto social mais amplo e as condições de trabalho na escola. Assim, a perspectiva de um trabalho que privilegie a análise da realidade, construindo olhares que contemplem uma perspectiva mais global (discussão e entendimento das lógicas implementadas pelos gestores, além do delineamento de retratos da escola e sua inserção numa dada rede de ensino) ligada a olhares mais direcionados para as dinâmicas de sala de aula, gera um movimento de apreender representações, de explicitá-las e desencadear um movimento de construção coletiva de instrumentos de intervenção no real.

O coordenador e todos os demais profissionais da educação opensam e transformam suas práticas, construindo percursos de formação no bojo de projetos coletivos. Sobre essa dimensão de teorizar e formar-se na prática e a partir dela, Batista e cols. (2000: 84) acreditam que

> "O já vivido, o que está sendo vivido e o que é projetado para viver nos situa num tempo que não abrange apenas o aspecto cronológico, mas incorpora os traços subjetivos e intersubjetivos: os vínculos, os nexos.

As análises demandam um percurso de pensar, de criar, de elaborar que não se mostra nem instantâneo, nem solipsista. Ao contrário, exige movimentos intencionais de refletir sobre o vivido, reconstruindo interações sociais e, assim, delineando a própria subjetividade".

Todos esses movimentos de formação são articulados numa trama em que se inscrevem a coordenação e a avaliação. Tecer essa trama, mudando seus desenhos, alterando sua constituição emerge como algo que confere vida à educação como prática social, pois, como já nos afirmou Paulo Freire (1998), ser educador é trilhar pelas incertezas da vida com a provisoriedade do conhecimento e a amorosidade das pessoas que se encontram.

Coordenar, avaliar e formar conjugados na materialização de projetos educativos que trazem as marcas das pessoas que os compõem, sendo, portanto, relativos a todos no bojo de uma intencionalidade, de um desejo, de uma ação, de um compromisso.

O diálogo continua...

Referências bibliográficas

BATISTA, S. H. S. S. e cols. (2001). *O processo de capacitação do Saresp: pressupostos, experiências e aprendizagens*. São Paulo (mimeo.).

_____ (2000). *Tempo de Saresp: lições de um espelho*. São Paulo (mimeo.).

_____ (2000). O coordenador de avaliação no Saresp – uma mediação técnico-pedagógica. São Paulo (palestra proferida no encontro com os coordenadores de avaliação do Saresp).

BATISTA, N., SILVA, S. H. S. (1998). *O professor de Medicina*. São Paulo, Loyola.

BATISTA, N. e cols. (2000). *Novas demandas, novos espaços na educação médica*. Relatório Final de Pesquisa apresentado à FAPESP.

FREIRE, P. (1998). *Pedagogia da esperança*. São Paulo, Cortez.

HASS, C. (2000). A coordenação pedagógica numa perspectiva interdisciplinar. In: QUELUZ, A. (org.). *Interdisciplinaridade*. São Paulo, Pioneira.

MARQUES, A. (1999). *O trabalho coletivo como articulador de práticas em formação*. Marília, Tese de doutorado, UNESP.

MATOS, Junot C. (1999). Avaliação: paixão e projeto. *Revista de Educação AEC*. Ano 28, n. 110, jan./mar., pp. 66-77.

PINEAU, G. (2000). O sentido do sentido. In: PINEAU, G. e cols. *Transdisciplinaridade e educação*. São Paulo, Cortez.

PLACCO, Vera M. N. S., BATISTA, Sylvia H. S. (2000). A formação do professor: reflexões, desafios e perspectivas. In: BRUNO, E., ALMEIDA, L., CHRISTOV, L. (orgs.). *O coordenador pedagógico e a formação docente*. São Paulo, Loyola.

SILVA, S. H. S. S. (1997). Professor de Medicina – diálogos sobre sua formação docente. São Paulo, Tese de doutorado, PUC-SP.

SOUSA, C. (1998). A dimensão formativa do Saresp. *Articulando a avaliação, gestão e formação no Saresp*. São Paulo, FDE (material utilizado na Capacitação das Equipes de Avaliação).

TAVARES, J. (1999). *Novas aprendizagens para uma sociedade que aprende e se desenvolve*. Porto, Cadernos CEDInE.

VIANNA, H. (1998). Implantação de avaliação de sistemas educacionais: questões metodológicas. *Ideias – sistemas de avaliação*. São Paulo, FDE, Diretoria de Projetos Especiais, pp. 114-160.

As reformas curriculares na escola

Cecilia Hanna Mate
Professora aposentada da Faculdade de Educação - USP
e-mail: hannamat@usp.br

As reformas curriculares que a educação tem sofrido, especialmente nos últimos quinze anos, têm gerado mais problemas que soluções. Não é bem isto o que educadores e pais esperam. Ao contrário, uma reformulação do currículo é vista pela maioria como possibilidade de reorganização das práticas escolares, de modo que os problemas sejam superados e novas perspectivas se apresentem para alunos, educadores e pais. De diferentes maneiras espera-se que, pela educação, crianças e jovens se libertem, se tornem autônomos e responsáveis, enfim que "cuidem de si". Porém, o objetivo deste texto não é discutir as razões da eficiência ou não das reformas atuais, nem tampouco propor reformas eficientes, mas questionar o modo como as reformas são construídas e por que esperamos que uma reforma seja eficiente e cumpra "seu papel".

Meu ponto de partida para isso é problematizar as expectativas geradas pela possibilidade de uma reforma, normalmente vista como a solução para os problemas enfrentados na educação. Primeiramente, vou tratar as reformas e as expectativas que mobilizam seu redor, como contingência social, ou seja, como historicamente construídas e favorecidas por uma espécie de "cultura da reforma" já tão incorporada por nós educadores: critica-se e ao mesmo tempo espera-se por ela. Em seguida, discuto o que considero uma das dimensões das relações de poder contidas na reforma, que é a de produzir modos de regulação social. Finalmente, a partir das limitações apontadas, faço algumas reflexões sobre possibilidades diferenciadas de atuação e, nesse sentido, incluo todos os que atuam e, de algum modo, se preocupam com a educação.

A reforma como contingência social

Compreendo tanto as reformas curriculares como as expectativas por elas geradas como construídas social e historicamente. Ao serem pensadas, gestadas, construídas, tornadas públicas e propagadas, as reformas incorporam e formalizam algumas das várias concepções e necessidades existentes na sociedade. Esse movimento transforma-se em um *corpus* que reúne e consagra princípios e práticas, tornando-se um conjunto de "verdades". Constituídas com detalhes, minúcias e previsões, e a partir de problematizações extraídas da própria dinâmica social e escolar, as reformas indicam a (re)organização do trabalho do professor e do currículo e formalizam:

– as questões consideradas "problemas" em educação: in/disciplina, des/preparo do professor, des/atualização do conteúdo, des/burocratização do currículo etc.
– as soluções mais adequadas aos "problemas" apontados: modernas metodologias de ensino, cursos de formação em serviço para professores, novos conteúdos disciplinares, reorganização curricular etc.

Ainda que as soluções apontadas por reformas atuais apareçam sempre como sugestões ao trabalho pedagógico, já que supõem o professor autônomo, a reforma se apresenta, historicamente, como redentora desses problemas, uma vez que tem trazido subjacente a seu discurso o propósito de resolvê-los[1]. Em contrapartida, é

---

1. As soluções e inovações sugeridas, baseadas em pesquisas e novos conhecimentos, nem sempre, ou raramente, aparecem vinculadas às experiências

o que dela se espera, já que a "cultura da reforma" é parte do processo de constituição da própria reforma. Nesse acordo tácito intensificam-se aquelas expectativas e ampliam-se o alcance e as direções operadas pela reforma, tornando-a um parâmetro para pensar possíveis mudanças. A expectativa de que uma reforma deva trazer soluções é, portanto, desdobramento da própria lógica da reforma e da legitimidade que daí decorre.

O aspecto de maior relevância da reforma é relativo às contingências sociais e históricas dentro das quais é construída, uma vez que resulta de disputa de poderes em que entram em jogo grupos, instituídos ou não, que lutam de diferentes formas por seus interesses e ideias; por isso é politicamente determinada. As expectativas criadas pela reforma, desde as intenções anunciadas em seu processo de constituição (incluindo toda a ambientação social e política da necessidade da reforma) até sua implementação (acompanhada de uma série de recursos e de dispositivos de divulgação, além da própria força legal que a sustenta), completam a contingência historicamente construída a que me referi.

Situando mais concretamente esta análise, é possível dizer que as reformas mais contemporâneas sofridas pelo ensino brasileiro (processo iniciado na década de 1980 que toma proporções nacionais nos anos de 1990 até os dias atuais) expressam esse movimento[2].

---

docentes, ou quando isso ocorre é na direção de criticá-las e apontar erros, revelando um conceito bastante relativo de autonomia.

2. Refiro-me a um período desencadeado na década de 1980, com as propostas curriculares realizadas pelos Estados (por exemplo, em São Paulo foram realizadas as propostas curriculares da CENP/SE – Coordenadoria de Estudos e Normas Pedagógicas da Secretaria da Educação de SP – e, nesse mesmo período, também em outros Estados como Rio de Janeiro e Minas Gerais), as quais, ao tomar proporções nacionais, após a aprovação da Lei de Diretrizes e Bases da Educação Nacional (Lei n. 9394/96, LDB) se transformam nos PCNs (Parâmetros Curriculares Nacionais). Estes alteram os currículos desde o ensino fundamental até o ensino médio, além de ampliar seu raio de ação, não mantendo necessariamente as propostas e experiências desencadeadas na década de 1980 nos estados. Os PCNs representam a primeira reforma curricular de âmbito nacional seguida pela reforma do ensino médio (que reestrutura integralmente o 2º grau, inclusive em relação à organização das disciplinas). Seguem-se, também, os sistemas de avaliação externos que, ao homogeneizar as formas de avaliação

Para finalizar este item, transcrevo parte das reflexões de T. S. Popkewitz, estudioso do currículo e da reforma como fenômeno histórico:

"A imposição de um currículo assume a transcendência de um certo conhecimento que tem potencial para conseguir uma sociedade melhor; contudo, propor um currículo é eliminar estruturalmente outras possibilidades. Esse processo nunca é neutro e desprovido de implicações sociais. O conhecimento está sempre inserido num mundo material e social" (1995: 48).

O autor lembra que uma proposta curricular é uma das formas possíveis de currículo e que, estruturalmente, a proposta de um currículo elimina outras possibilidades. Assim, uma das discussões que precisamos enfrentar é a da ambiguidade existente entre a retórica da autonomia (seja da *escola* para elaborar projetos, seja do *professor* para autogerir seu plano ou do *aluno* para construir o conhecimento) e a excessiva padronização de referenciais teóricos sugeridos ao professor, traduzindo-se em orientações para "capacitação".

Mas esta discussão se refere a alguns dos efeitos da reforma, assunto do próximo item.

A reforma como regulação social

Ao tentar responder a anseios, ideários e experiências que circulavam de modo conflituoso e contraditório na sociedade, as reformas começam (anos de 1980) por ouvir professores buscando traduzir e incorporar suas manifestações, fortemente presentes naquele contexto histórico[3], e transformá-las em propostas curriculares. Num processo crescente de controle das práticas escolares, de avaliação externa das experiências (em regra padronizadas nacionalmente) e das seguidas inovações que se institucionalizam, encerramos os anos de 1990 num quadro em que professores estão sobrecarregados de responsabilidades burocráticas e os alunos submetidos a processos

---

para o país, contradizem insistentes orientações de autonomia de professores e alunos e prováveis projetos pedagógicos em andamento na escola.

3. Os anos de 1980, período pós-ditadura militar e de abertura política, resultado de longa luta, foram ricos em propostas alternativas e experiências inovadoras em educação tanto de grupos como de professores individualmente.

de avaliação externos a suas práticas escolares. Neste caso, vive-se o dilema de preparar alunos ou para avaliações externas, ou para aprofundar formas criativas em torno do conhecimento.

Desse modo, as reformas atuais, ao questionar a burocratização das antigas reformas e seus efeitos padronizadores nas práticas de ensino[4], acabam redefinindo outros modos de regulação social, nem sempre fáceis de se perceber como tais, já que incorporam pesquisas e estudos que parecem responder mais convenientemente às questões apresentadas nos novos tempos. Tais estudos são então incorporados pelas reformas, dando-lhes tons avançados que acabam por se traduzir em tecnologias de produção de novos sujeitos pedagógicos. Pelas contingências sociais e históricas em torno das quais uma reforma é constituída, pode-se refletir sobre os múltiplos significados que vem carregando em relação ao seu novo papel regulador.

O modo mais concreto para perceber esse aspecto regulador da reforma é um olhar retrospectivo: desde o século XIX, mas, principalmente, nas primeiras décadas do século XX, objetivos sociais e políticos passam a nortear as políticas sociais em vários países europeus e da América. Por exemplo, no Brasil, a necessidade de administrar crescentes contingentes populacionais, concentrados nas cidades, e de diferentes origens culturais (lembrar das levas de imigrantes e da migração causada pelas mudanças econômicas no início do século XX), se apresenta como um problema social a ser equacionado, a fim de viabilizar projetos de expansão econômica e industrial. Ao buscar assegurar o ritmo e o aumento da produtividade, os grupos direta ou indiretamente ligados à produção e ao capital (técnicos, cientistas, empresários, estudiosos) foram criando novas técnicas de administrar a sociedade. É nesse contexto que as reformas educacionais surgem como um meio para reformar a sociedade no sentido de reorganizá-la moral e culturalmente, adaptando a população às rápidas transformações urbanas provocadas

---

4. São várias e consistentes as críticas aos velhos currículos que acompanham os textos das reformas atuais. Essas críticas se referem tanto aos conteúdos (fechados, inflexíveis, alheios aos problemas vividos) como aos métodos (tradicionais, sem participação do aluno etc.).

pela nova ordem. É quando o currículo ganha cada vez mais o estatuto científico de objeto possível de quantificação, planejamento, medição, previsibilidade etc. Tanto professores como alunos passam a ser observados em suas práticas (por meio de pesquisas científicas nos campos da psicologia, da biologia e da pedagogia), para que a partir delas possam se estabelecer padrões de ensinar e de aprender. Para isso os seguintes movimentos se fizeram:
- criação de "métodos mais eficientes" porque cientificamente comprovados;
- prescrição de formas de "seleção, organização e avaliação de conteúdos";
- indicação de "modelos de lições" e até de "posturas mais adequadas em sala de aula", tanto para professores como para alunos[5].

Todas essas inovações que começam a entrar no cenário pedagógico (primeiro com as ciências comportamentalistas e posteriormente, até hoje, com as ciências cognitivas) vão, cada vez mais, ampliando sua abrangência e sofisticando seus significados de regulação social – são as tecnologias de produção de novos sujeitos. Ampliando mais o conceito de regulação social[6], podemos dizer que são formas de governar os sujeitos e construir subjetividades, por meio de dispositivos autorreguladores que levam os indivíduos a se regular a si próprios, enfim, se automonitorar. É importante não perder de vista que esse processo é historicamente construído, de modo que esses dispositivos devem ser entendidos como parte da modernização da pedagogia que, respondendo aos novos tempos, necessidades e modelos pretensamente hegemônicos, projeta em novas reformas os anseios e interesses, então em disputa, produzindo efeitos tanto mais eficientes quanto mais invisíveis.

É importante ressaltar que esse processo não se dá por algum mecanismo individual de controle ou grupo de indivíduos onipotentes, mas sim por modernas formas de racionalização das atividades

---

5. Para maiores detalhes deste processo ver artigo de Mate (2000).
6. Tenho realizado estudos específicos em torno do pensamento de M. Foucault que trazem maiores subsídios para tais reflexões.

sociais que geram novas e mais sofisticadas relações de poder. No caso aqui analisado, a reforma configurada no currículo expressa essa tendência, e se constitui em um movimento que, embora imprevisível em seus efeitos, já que há diferenças entre o currículo formal e o currículo real, por outro lado, gera, uma série de dispositivos que são incorporados e/ou reforçados, transformando-se em práticas autorreguladoras de condutas, pensamentos e sentimentos. Ao longo de várias reformas, evidenciam-se campos de luta por meio dos quais diferentes concepções sociais disputam o que consideram conhecimentos válidos. Esses conhecimentos, ao adquirir configurações curriculares, elegem como "problemas" algumas questões, e não outras. Por força de seu *status* a reforma constrói e carrega, assim, um "sistema de verdade" que, para além de seu significado formal, tem significados práticos. Desorganiza o cotidiano das escolas e de professores, invalidando muitas experiências, e, ainda que utilize o discurso da autonomia (da escola, do aluno, do professor), simultaneamente o nega, pois conduz ao cumprimento de inúmeras tarefas, burocratizando as práticas e dificultando ações genuinamente criativas. Fabricando esse "sistema de verdade" a reforma instaura – não só por suas dimensões legais mas também pela lógica que a constitui – outros modos de organizar socialmente a escola (e, portanto a sociedade): desestabiliza práticas docentes; redefine outras formas de relações na escola, nascendo nesse movimento outras formas de autorregulação de professores e alunos, fenômeno que raramente ocorre sem conflitos.

Porém, como destaquei inicialmente, as reformas são construídas por contingências sociais, portanto são históricas. É sobre as implicações desse processo que vou tratar a seguir.

Possibilidades de atuação

Os mecanismos, por vezes invisíveis, construídos pela reforma são, como tentei mostrar, os de criar "sistemas de verdade" em relação à educação:
- "naturaliza" instâncias de poder (científicas, políticas, pedagógicas) vistas como competentes;

- legitima alguns temas que em dado momento são considerados válidos ou "significativos";
- prescreve outros modos de ensinar balizados por discursos científicos então em evidência;
- estabelece critérios de avaliação e de (in)disciplina defendidos por discursos das ciências da educação;
- sugere roteiros para o exercício da reflexão em torno do que se consideram projetos pedagógicos ideais.
- fabrica e dissemina concepções de aluno, professor, coordenador ideais.

Todas essas prescrições, ainda que revestidas pelo discurso da autonomia, oferecem o risco de produzir subjetividades ao fabricar "sistemas de verdade" para o campo da educação, isto é, modos diretivos de fazer e compreender as relações de ensino/aprendizagem. Isso quer dizer que, partindo de referenciais já dados, o currículo pode produzir efeitos coletivos nos modos de ver, pensar e fazer. Mas sabe-se também que esse movimento é produzido por contingências históricas e sociais, portanto é construído. Se o modo como vemos, pensamos e fazemos educação é resultado de aparatos que nos levam a ver, pensar e fazer de determinada maneira, isto nos mostra outras possibilidades (Larrosa, 1994). Ou seja, já que esse processo é construído, será que não podemos ver de outra maneira? fazer de outro jeito? pensar a partir de outros referenciais? Quais significados podem existir em reações como desinteresse e não identidade com os objetivos reformistas? Quais significados pode haver nas recusas em cumprir propostas unificadoras? Essas reações são necessariamente nocivas e desmobilizadoras como nos fazem crer?

Se considerarmos que as reações mais imediatas provocadas por uma reforma são o não reconhecimento do novo currículo pelos profissionais que atuam na escola, poderemos questionar por que isso ocorre. As razões podem incluir desde as dificuldades para esses profissionais colocarem o novo currículo em prática (ausência de políticas de implementação, problemas de formação, regime de trabalho), até o desalento de ver experiências em curso na escola se romperem diante das novas orientações.

Buscar novas formas de subjetivação nos espaços escolares (onde atuam professores e alunos, coordenadores, diretores etc.), que é onde o currículo é exercido e produz efeitos, significa assumir que dimensões do poder estão presentes; nos currículos de diferentes formas em seu processo de construção, em sua implementação, na escola, na sala de aula. Perceber, portanto, que educadores em seus vários níveis desempenham e, ao mesmo tempo estão submetidos a relações de poder é enfrentar essas relações nas diferentes formas pelas quais se manifestam, inclusive em nossas próprias práticas.

Assim, a desconfiança em relação às possibilidades dos novos currículos pode nos levar a novos espaços de transformação mobilizados por perguntas do tipo:

- como e por quem o currículo é elaborado?
- como a recusa desses currículos pode se transformar em ações concretas e em atos educativos genuínos?
- como os indivíduos que atuam nos sistemas e no espaço escolar podem desestabilizar os discursos únicos e "verdadeiros" e desnudá-los como exercício de poder?

Essas questões nos remetem a uma postura realista e a práticas concretas e arriscadas, pois implicam ações desmitificadoras, já que ninguém está isento do exercício do poder e das responsabilidades daí decorrentes.

Referências bibliográficas

GOODSON, Ivor F. (1999). *Currículo: teoria e história*. Petrópolis, Vozes.

LARROSA, Jorge (1994). Tecnologias do eu e a educação. In: SILVA, T. T. (org.). *O sujeito da educação: estudos foucaultianos*. Petrópolis, Vozes.

MATE, Cecilia Hanna (1998). Qual a identidade do professor coordenador pedagógico? In: GUIMARÃES, A. et al. *O coordenador pedagógico e a educação continuada*. São Paulo, Loyola.

_____ (2000). O coordenador pedagógico e as reformas pedagógicas. In: BRUNO, E., ALMEIDA, L., CHRISTOV, L. *O coordenador pedagógico e a formação docente*. São Paulo, Loyola.

POPKEWITZ, T. S. (1995). Profissionalização e formação de professores: algumas notas sobre a sua história, ideologia e potencial. In: NÓVOA, A. (org.). *Os professores e sua formação*. Lisboa, Dom Quixote.

Edições Loyola

editoração impressão acabamento

Rua 1822 nº 341 – Ipiranga
04216-000 São Paulo, SP
T 55 11 3385 8500/8501, 2063 4275
www.loyola.com.br